रिचेस
आर योर
राइट

अमीर होना आपका अधिकार

Hindi Translation of the International Bestseller
Riches are Your Right

Published 2025
FiNGERPRINT! HINDI
Prakash Books

Fingerprint Publishing
@FingerprintP
@fingerprintpublishingbooks
www.fingerprintpublishing.com

ISBN: 978 93 5440 148 0

रिचेस आर योर राइट

अमीर होना आपका अधिकार

Hindi Translation of the International Bestseller
Riches are Your Right

डॉ जोसेफ मर्फी

FiNGERPRINT!

विषय-सूची

पुस्तक 1

अमीर होना आपका अधिकार

पुस्तक का विवरण

यह स्वास्थ्य, धन, संबंध और आत्माभिव्यक्ति के लिए प्रभावशाली कथनों से भरी किताब है। इन तकनीकों के पीछे का विचार बहुत सरल है। हममें से अधिकांश लोग किसी भी वास्तविक या काल्पनिक त्रुटि के लिए खुद को हतोत्साहित कर बैठते हैं। हम अपने बारे में कुछ बातों पर विश्वास करते हैं या दूसरों से अपनी नकारात्मक तुलना करते हैं। सकारात्मक कथनों का उपयोग एक ऐसी तकनीक है, जो नकारात्मक आत्म-वार्तालाप को कुछ अधिक सकारात्मकता में बदल देती है। चूंकि हमने नकारात्मक छवि के साथ कई वर्ष व्यतीत किए होते हैं, इसलिए कथन से तुरंत प्रभाव की उम्मीद करना अनुचित है, लेकिन अगर हम ईमानदारी, विश्वास और आशा के साथ कुछ दिनों तक ऐसा करें तो परिणाम अवश्य ही प्राप्त होगा।

1

उपचारात्मक सिद्धांत को कैसे लागू करें

मैं तुम्हें फिर से स्वास्थ्य प्रदान करूंगा और तुम्हारे घावों को भरूंगा, यही यहोवा की वाणी है। मेरे अंदर ईश्वर की असीम संभावनाएं हैं। मुझे पता है कि सभी चीजें ईश्वर के साथ संभव हैं। मैं इस पर विश्वास करता हूं और इसे पूरे हृदय से स्वीकार करता हूं। मैं जानता हूं कि मेरे ईश्वर की शक्ति अंधकार को प्रकाश में बदलती है और दुष्ट आत्माओं को सत्य-पथ का अनुगामी बनाती है। मेरे अंदर रहने वाला ईश्वर मेरी चेतना को जगा रहा है।

अब मैं मन, शरीर और घटनाक्रम की चिकित्सा के लिए शब्दों का उच्चारण हूं; मुझे पता है कि य़ह आंतरिक सिद्धांत मेरी आस्था और विश्वास को जवाब देता है। *ईश्वर काम करते हैं।* मैं अब अपने जीवन, प्रेम, सच्चाई और सुंदरता के संपर्क में हूं। अब मैंने अपने अंदर प्रेम और जीवन के अनंत सिद्धांत के साथ खुद को मिला लिया है। मुझे पता है कि मेरे शरीर में अब सद्भाव, स्वास्थ्य और शांति है।

मैं अपने संपूर्ण स्वास्थ्य की धारणा में रहता हूं, चलता हूं और कार्य करता हूं, यही वास्तविकता है। मैं अब अपने संपूर्ण शरीर की वास्तविकता की कल्पना करता हूं और उसे महसूस करता हूं। मैं शांति और कल्याण की भावना से भर गया हूं। धन्यवाद ईश्वर!

उपचारात्मक सिद्धांत

जीसस ने कहा, तुम्हारे विश्वास ने तुम्हें संपूर्ण कर दिया है।

मैं सकारात्मक रूप से अपने अंदर ईश्वर के उपचारात्मक सिद्धांत पर विश्वास करता हूं। मेरा चेतन और अवचेतन मन पूर्ण सम्मति में है। मैं सत्य कथन को स्वीकार करता हूं और उसकी सकारात्मक रूप से पुष्टि करता हूं। मैं जो शब्द बोलता हूं, वह आत्मा के शब्द हैं और सत्य का प्रतीक हैं।

अब मैं यह फैसला करता हूं कि ईश्वर की चिकित्सा शक्ति मुझे शुद्ध और परिपूर्ण करने के लिए मेरे संपूर्ण शरीर को बदल रही है। मैं एक गहरी एवं आंतरिक प्रामाणिकता के साथ विश्वास करता हूं कि मेरे विश्वास की प्रार्थना अब प्रकट हो रही है। मैं सभी मामलों में ईश्वर के ज्ञान द्वारा निर्देशित हूं। ईश्वर का प्रेम मेरे मन और शरीर में पारलौकिक सौंदर्य और प्रेम का प्रवाह करता है, मेरे अस्तित्व के प्रत्येक परमाणु को रूपांतरित, सामान्य और ऊर्जावान बनाता है। मैं उस शांति को महसूस करता हूं, जो स्पष्ट रूप से प्रवाहित हो रही है। ईश्वर की शोभा मुझे घेर लेती है और मैं हमेशा के लिए इसकी शरण में हूं।

उसके वस्त्रों को पहनना

मैंने ईश्वर को अपनी आत्मा के अभ्यारण्य में पाया है। ईश्वर ही जीवन है; वह जीवन मेरा जीवन है। मैं जानता हूं कि ईश्वर शरीर नहीं है; वह आकारहीन, शाश्वत और चिर युवा है; मैं अपने मन की आंखों में ईश्वर को देखता हूं। मैं ईश्वर को अपनी समझ से ठीक उसी प्रकार देखता हूं, जैसे मैं किसी गणितीय प्रश्न का उत्तर देखता हूं।

मैं अब शांति, शिष्टता और शक्ति के बारे में जागरूक हूं। मेरे साथ आनंद, शांति और सद्भाव की यह भावना वास्तव में मेरे साथ वाली

ईश्वर की भावना है; यह कार्य ईश्वर का है, जो सर्वशक्तिमान है। मुझे चोट पहुंचाने की शक्ति बाहरी चीजों में नहीं है; एकमात्र शक्ति मेरे ही मन और चेतना में है।

मेरा शरीर ईश्वर का वस्त्र है। सर्वशक्तिमान की जीवित भावना मेरे अंदर है; यह बिल्कुल शुद्ध, पवित्र और परिपूर्ण है। मुझे पता है कि यह पवित्र भावना ईश्वर है और यह भावना अब मेरे अंदर प्रवाहित हो रही है और मेरे शरीर को संपूर्ण, शुद्ध और परिपूर्ण बना रही है। मेरा अपने शरीर और अपने विश्व पर पूरा नियंत्रण है।

शांति, शक्ति और स्वास्थ्य के बारे में मेरे विचारों में अब ईश्वर की शक्ति का एहसास हो रहा है। *हृदय से शुद्ध व्यक्ति ईश्वर को देखने का वरदान प्राप्त करेंगे।* मैंने उसकी पवित्र उपस्थिति को देखा और महसूस किया है; यह अद्भुत है।

शांत मन

ईश्वर मेरे केंद्र में रहते हैं। ईश्वर ही शांति है; यह शांति अब मुझे उसकी शरण में मिलती है। इस शांति में सुरक्षा, जीवन-शक्ति और शक्ति की गहरी भावना अंतर्निहित है। मेरे अंदर शांति की यह आंतरिक भावना शांत भाव से ईश्वर की सोच है। प्रेम और ईश्वर का प्रकाश मेरी रक्षा उसी प्रकार करता है, जैसा एक प्रेम करने वाली मां सोते हुए बच्चे की रक्षा करती है। मेरे हृदय में पवित्रता है जो मेरी शांति, शक्ति और आपूर्ति का स्रोत है।

सारा भय समाप्त हो गया है। मैं सभी लोगों में ईश्वर को देखता हूं, मैं सभी चीजों में ईश्वर को प्रत्यक्ष देखता हूं। मैं दिव्य उपस्थिति का एक साधन हूं। मैं अब इस आंतरिक शांति को मुक्त करता हूं; यह मेरी सारी समस्याओं को मुक्त करने और समाप्त करने के माध्यम से प्रवाहित होती है; यह वही शांति है, जो स्पष्ट रूप से प्रवाहित होती है।

मानसिक संतुलन

मैं तुम्हारी आत्मा से दूर कहां जाऊंगा? या फिर मैं आपकी उपस्थिति से भाग जाऊंगा? यदि मैं स्वर्ग में जाता हूं, तब भी यह वहां है—यदि मुझे नरक में स्थान मिलता है, तब भी यह वहां है। यदि मैं प्रात:काल के पंख लगा लूं और समुद्र पर निवास करूं, तब भी आपका हाथ मुझे रास्ता दिखाएगा और आपका हाथ मुझे पकड़ लेगा। मैं अब एक दिव्य उत्साह से भरा हुआ हूं, क्योंकि मैं देवत्व की उपस्थिति में हूं। मैं सभी शक्तियों, ज्ञान, ऐश्वर्य और प्रेम की उपस्थिति में हूं।

ईश्वर का प्रकाश मेरे बौद्धिक ज्ञान को रोशन करता है; मेरा दिमाग शांति, संतुलन और समानता से भरा है। सभी चीजों के लिए एक सही मानसिक समायोजन है। मैं अपने स्वयं के विचारों के साथ शांति में हूं। मैं अपने काम में आनंदित हूं, इससे मुझे आनंद और खुशी मिलती है। मैं अपने दिव्य भंडार से लगातार ईश्वर की शांति का भरण करता हूं—क्योंकि यही केवल उपस्थिति और एकमात्र शक्ति है। मेरा मस्तिष्क ही तो ईश्वर का मस्तिष्क है। मैं शांति में हूं।

ईश्वरीय शांति

मेरी दुनिया में सब ओर शांति ही शांति और सद्भाव ही सद्भाव है, क्योंकि मेरे लिए ईश्वर 'शांति का ईश्वर' है। मैं कर्म में ईश्वर की चेतना हूं; मैं हमेशा शांति के घेरे में हूं। मेरा मन संतुलित, निर्मल और शांत है। शांति और सद्भावना का माहौल मुझे घेरे हुए है, मैं एक गहरी ताकत और सभी प्रकार के भय से मुक्ति महसूस करता हूं। मैं अब ईश्वर की पवित्र उपस्थिति में प्रेम और सुंदरता को महसूस करता हूं। दिन-प्रतिदिन मैं ईश्वर के प्रेम के बारे में अधिकाधिक जागरूक हो रहा हूं; जो मिथ्या है, वह सब समाप्त हो जाता है। मैं सभी लोगों में ईश्वर को देखता हूं; *क्योंकि यह मेरी एकमात्र उपस्थिति और एकमात्र*

शक्ति है। मेरा मन ईश्वर का मन है; मैं शांति महसूस कर रहा हूं। मुझे पता है कि जैसे ही मैं अपने अंदर इस आंतरिक शांति को प्रवाहित होने देता हूं, सभी समस्याएं हल हो जाती हैं। मैं ईश्वर में वास करता हूं; इसलिए ही तो मैं शांति की शाश्वत भुजाओं में विश्राम करता हूं। तुम्हारा जीवन मसीह के साथ ईश्वर में छिपा है। मेरी शांति गहरी है अर्थात अपरिवर्तनशील ईश्वर की शांति है; यह ईश्वर की शांति है, जो स्पष्ट रूप से प्रवाहित होती है।

आध्यात्मिक औषधि

एक हंसमुख हृदय एक हंसमुख हाव-भाव बनाता है। सर्वशक्तिमान की भावना मेरे शरीर के प्रत्येक कण-कण को संपूर्ण, आनंदमय और परिपूर्ण बनाती है। मुझे पता है कि मेरे शरीर के सभी कार्य इस आंतरिक आनंद को प्राप्त करते हैं। मैं अब अपने अंदर ईश्वर के उपहार को समाहित हूं; इससे मुझे अद्भुत अनुभूति होती है। खुशी और रोशनी का ईंधन मेरी बुद्धि का अभिषेक करता है और मेरे पैरों पर एक दीपक बन जाता है।

मैं अब भावनात्मक रूप से पूर्णतः समायोजित हूं; मेरे मस्तिष्क, शरीर और व्यवसाय में एक दिव्य संतुलन कार्य कर रहा है। मैं इस क्षण से मिलने वाले हर व्यक्ति से शांति और खुशी व्यक्त करने का संकल्प करता हूं। मुझे पता है कि ईश्वर से सुख और शांति मिलती है; जैसा कि मैं उनका प्रकाश, प्रेम और सत्य दूसरों पर बिखेरता हूं, मैं भी अनगिनत तरीकों से अपने आपको आशीर्वाद और उपचार प्रदान कर रहा हूं। मैं संपूर्ण मानव जाति के लिए ईश्वर के प्रेम की धूप को बिखेरता हूं। उसका प्रकाश मेरे माध्यम से चमकता है और मेरे रास्ते को रोशन करता है। मैं शांति, आनंद और खुशी व्यक्त करने के लिए संकल्पित हूं।

अपनी भावनाओं को नियंत्रित करना

जब भय, ईर्ष्या या आक्रोश का नकारात्मक विचार मुझमें प्रवेश करता है तो मैं इसे ईश्वर के विचार से दबा देता हूं। मेरे विचार ईश्वर के विचार हैं और ईश्वर की शक्ति मेरे अच्छे विचारों के साथ है। मुझे पता है कि मेरे विचारों और भावनाओं पर मेरा पूरा प्रभुत्व है। मैं दिव्यता का एक माध्यम हूं। अब मैं अपनी सभी भावनाओं और भावों को सामंजस्यपूर्ण और रचनात्मक दिशा में पुनर्निर्देशित करता हूं। *परमेश्वर के पुत्र आनंद के लिए चिल्लाए।* मुझे परमेश्वर के शांति, सद्भाव और सद्भावना से ओत-प्रोत विचारों को स्वीकार करने और उन्हें व्यक्त करने की खुशी है; यह मेरे अंदर की सारी कलह को ठीक करता है। केवल ईश्वर के विचार मेरे मन में प्रवेश करते हैं, जिससे मुझे सद्भाव, स्वास्थ्य और शांति मिलती है।

प्रेम ईश्वर ही तो है। पूर्ण प्रेम भय, आक्रोश और सभी नकारात्मक अवस्थाओं को समाप्त कर देता है। मुझे अब सत्य से प्रेम हो गया है। मैं सभी पुरुषों के लिए वह कामना करता हूं, जो मैं अपने लिए कामना करता हूं; मैं सभी के लिए प्यार, शांति और सद्भावना को प्रसारित करता हूं। मैं शांति महसूस करता हूं।

भय पर विजय

अब कोई डर नहीं है, *क्योंकि पूर्ण प्रेम ने भय को समाप्त कर दिया।* आज मैं प्रेम को अपनी दुनिया के सभी स्तरों पर पूर्ण सामंजस्य और शांति बनाए रखने की अनुमति देता हूं। मेरे विचार प्रेममय, दयालु और सामंजस्यपूर्ण हैं। मैं ईश्वर के साथ अपनेपन का एहसास करता हूं, *क्योंकि उसी में मैं रहता हूं, चलता-फिरता हूं और यह मेरा अस्तित्व है।*

मुझे पता है कि मेरी सभी इच्छाओं को पूर्ण क्रम में सिद्ध किया जाएगा। मुझे अपने आदर्शों को साकार करने के लिए ईश्वरीय कानून

पर भरोसा है। *पिता काम करते हैं।* मैं दिव्य, आध्यात्मिक, हर्षित और बिल्कुल निडर हूं। मैं अब ईश्वर की पूर्ण शांति से व्याप्त हूं; *यह ईश्वर की शांति है, जो स्पष्ट रूप से प्रवाहित होती है।* मैं अब अपना सारा ध्यान वांछित विषय पर केंद्रित करता हूं। मुझे यह इच्छा पसंद है और मैं इस पर अपना पूरा ध्यान देना चाहूंगा।

मेरी आत्मा आत्मविश्वास और शांति की मन:स्थिति में आ गई है; यह ईश्वर की ही तो आत्मा है, जो मेरे अंदर है। यह मुझे शांति, सुरक्षा और आराम का एहसास कराती है। सच में, *पूर्ण प्रेम भय को समाप्त कर देता है।*

पवित्र मंदिर

जो लोग यहोवा के घर में डेरा डालते हैं, वे हमारे ईश्वर के आंगन में फलते-फूलते हैं। मैं अभी भी शांति के घेरे में हूं। मेरा हृदय और मेरा मस्तिष्क अच्छाई, सच्चाई और सुंदरता की भावना से प्रेरित है। मेरा विचार अब मेरे अंदर ईश्वर की उपस्थिति पर है; यह अभी भी मेरे मस्तिष्क में है।

मुझे पता है कि सृष्टि के मार्ग पर आत्मा अपने आप चल रही है। मेरा सत्य अब मेरे शरीर और कार्य में शांति, सद्भाव और स्वास्थ्य पैदा करने के लिए आगे बढ़ने के लिए तैयार है। मैं अपने गहन आत्म में परमात्मा हूं। मैं जानता हूं कि मैं जीवित परमेश्वर का पुत्र हूं; मैं आत्मा के आत्म-चिंतन द्वारा ईश्वर की रचना का तरीका हूं। मुझे पता है कि मेरा शरीर स्वयं नहीं चलता है। यह मेरे विचारों और भावों संचालित होता है।

मैं अपने शरीर से कहता हूं, 'स्थिर और शांत रहो।' शरीर को इसका पालन अवश्य ही करना चाहिए। मैं इसे समझता हूं और मैं जानता हूं कि यह एक ईश्वरीय कानून है। मैं अपना ध्यान भौतिक दुनिया से हटाकर अपने अंदर ईश्वर की सभा में लगाता हूं। मैं ध्यान और

सद्भाव, स्वास्थ्य और शांति से एकाग्र होता हूं; यह सभी ईश्वर–सार से आते हैं; मैं शांति महसूस कर रहा हूं। मेरा शरीर जीवित ईश्वर का मंदिर है। *ईश्वर अपने पवित्र मंदिर में है; सारी पृथ्वी को उसके सामने चुप रहने दो।*

2

बहुतायत स्वीकार करें

ईश्वर अनंत शक्ति है
(अवचेतन का उपयोग)

जान लो कि मेरा भला क्षण यही क्षण है। मैं अपने हृदय में विश्वास करता हूं कि मैं खुद के लिए सद्भाव, स्वास्थ्य, शांति और आनंद की भविष्यवाणी कर सकता हूं। मैं अब अपने मन में शांति, सफलता और समृद्धि की अवधारणा को प्रतिष्ठित करता हूं। मुझे पता है और विश्वास भी कि ये विचार (बीज) अवश्य ही विकसित होंगे और मेरे अनुभव खुद को प्रकट करेंगे।

मैं माली हूं; मैं जैसा बोता हूं, वैसा ही काटूंगा। मैं ईश्वरीय विचारों (बीज) बोता हूं; यह अद्भुत बीज शांति, सफलता, सद्भाव और सद्भावना हैं। यह एक अद्भुत फसल है।

इसी क्षण से मैं अपने सार्वभौमिक बैंक (अवचेतन मन) में शांति, आत्मविश्वास, शिष्टता और संतुलन के विचारों या बीज को जमा कर रहा हूं। मैं उन अद्भुत बीजों का फल निकाल रहा हूं, जिन्हें मैं जमा कर रहा हूं। मैं इस तथ्य को मानता हूं और स्वीकार भी करता हूं कि मेरी इच्छा अवचेतन में एक बीज है। मैं इसकी वास्तविकता को महसूस करके इसे वास्तविक बनाता हूं। मैं अपनी इच्छा की वास्तविकता को

उसी तरीके से स्वीकार करता हूं, जैसे मैं इस तथ्य को स्वीकार करता हूं कि जमीन में जमा बीज उगेगा। मुझे पता है कि यह बीज अंधेरे में बढ़ता है; मेरी इच्छा या आदर्श मेरे अवचेतन मन के अंधेरे में बढ़ता है; थोड़ी देर में यह बीज की तरह स्थिति, परिस्थिति, अयस्क के रूप में जमीन के ऊपर आता है (वस्तु बन जाता है)।

अनंत बुद्धिमत्ता मुझे हर प्रकार से नियंत्रित और मार्गदर्शित करती है, जो भी चीजें सही, ईमानदार, न्यायपूर्ण, प्रेमपूर्ण और अच्छी हैं, मैं उन पर ध्यान देता हूं। मुझे लगता है कि इन चीजों पर और मेरे विचारों पर ईश्वर की शक्ति मेरे साथ है। मैं शांति महसूस कर रहा हूं।

प्रार्थना का मार्ग

तुम अपने रास्ते को समृद्ध बनाओ और फिर तुम अच्छी सफलता प्राप्त करोगे। मैं अब अपने अवचेतन में सफलता और समृद्धि का एक स्वरूप बनाता हूं, जो कि एक नियम है। अब मैं खुद को ऊर्जा के अनंत स्रोत के रूप में मानता हूं। मैं अभी भी अपने अंदर उठती ईश्वर की धीमी आवाज को सुनता हूं। यह आंतरिक आवाज मेरी सभी गतिविधियों का नेतृत्व करती है, मार्गदर्शन करती है और मैं ईश्वर की प्रचुरता के साथ हूं। मुझे पता है और विश्वास है कि मेरे व्यवसाय के संचालन के नए और बेहतर तरीके हैं; अनंत बुद्धिमत्ता मेरे लिए नए रास्ते बताती है।

मेरे ज्ञान और समझ में वृद्धि हो रही है। मेरा कार्य ईश्वर का कार्य है। मैं हर प्रकार से दिव्य हूं। मेरे अंदर ईश्वरीय बुद्धि उन तरीकों और साधनों को प्रकट करती है, जिनके द्वारा मेरे सभी कार्यों को तुरंत सही तरीके से समायोजित किया जाता है।

आस्था और दृढ़ विश्वास के शब्द, जो मैं अब बोलता हूं, वह सफलता और समृद्धि के सभी आवश्यक दरवाजे या पथ खोल देता है। मुझे पता है कि *द लॉर्ड (कानून) मुझसे जुड़े नियम को पूर्ण करेगा।* मेरे कदम सही मार्ग पर हैं, क्योंकि मैं जीवित परमेश्वर का पुत्र हूं।

प्रचुर जीवन का एहसास कैसे करें

मुझे पता है कि *समृद्ध होने* का मतलब सभी दिशाओं के साथ आध्यात्मिक रूप से विकसित होना है। ईश्वर मुझे अब मन, शरीर और कार्य में समृद्ध कर रहा है। ईश्वर के विचार मेरे अंदर निरंतर मेरे लिए स्वास्थ्य, धन और संपूर्ण दिव्य की अभिव्यक्ति लाते हैं।

मैं अंतर्मन तक रोमांचित हूं। मुझे लगता है कि ईश्वर मेरे जीवन और मेरे होने के हर कण को महत्त्वपूर्ण बनाता है। मुझे पता है कि ईश्वर का जीवन अब मुझे सजीव और सशक्त बना रहा है। अब मैं जीवन-शक्ति से परिपूर्ण उज्ज्वल शरीर से ऊर्जा, उत्साह और शक्ति को बिखेर रहा हूं।

मेरा कार्य या पेशा एक ईश्वरीय गतिविधि है और चूंकि यह ईश्वर का व्यवसाय है, इसलिए यह सफल और समृद्ध है। मैं अपने शरीर, मन और कार्यों के माध्यम से एक आंतरिक पूर्णता की कल्पना करता हूं और उसे महसूस करता हूं। मैं धन्यवाद देता हूं और प्रचुर जीवन का आनंद लेता हूं।

आस्था की प्रार्थना

विश्वासपूर्ण प्रार्थना बीमार आदमी को बचाएगी और परमेश्वर उसकी देखभाल करेगा। मुझे पता है कि कल की उपेक्षा चाहे जो कुछ भी रही हो, आज मेरी प्रार्थना या सत्य की प्रतिज्ञा पूरी हो जाएगी। मैं उत्तरित प्रार्थना का आनंद प्राप्त करता हूं। मैं दिन भर प्रकाश में चलता रहता हूं।

आज ईश्वर का दिन है; यह मेरे लिए एक शानदार दिन है, क्योंकि यह शांति, सद्भाव और खुशी से भरा है। भलाई में मेरा विश्वास मेरे हृदय पर लिखा है और मेरे अंदर महसूस किया गया है। मैं पूरी तरह से आश्वस्त हूं कि एक उपस्थिति और एक आदर्श कानून है, जो अब

मेरी इच्छा को प्राप्त करता है और वह मेरे हृदय की इच्छाओं से सभी अच्छी चीजों का अनुभव करती है। अब मैं अपनी सारी निर्भरता, आस्था और विश्वास को अपने अंदर शक्ति और ईश्वर की उपस्थिति के लिए रखता हूं; मैं शांति महसूस कर रहा हूं।

मुझे पता है कि मैं अनंत शक्ति का मेहमान हूं और ईश्वर मेरा मेजबान है। मैं पवित्र व्यक्ति का निमंत्रण, *मेरे पास आओ और सब श्रम करो और मैं तुम्हें शांति दूंगा*, सुनता हूं। मैं ईश्वर में शांति प्राप्त करता हूं; सब ठीक है।

प्रचुर मात्रा में जीवन

खेत में फलने-फूलने वाले लिली पर विचार करें; वे न तो परिश्रम करते हैं, न ही घूमते हैं; अभी तक सुलेमान ने अपनी महिमा में इन सभी में से एक को भी नहीं छोड़ा। मुझे पता है कि ईश्वर मुझे सभी तरीकों से समृद्ध कर रहे हैं। मैं अब प्रचुर जीवन व्यतीत कर रहा हूं, क्योंकि मैं प्रचुर ईश्वर में विश्वास करता हूं। मुझे वह सब कुछ प्रदान किया गया है, जो मेरी सुंदरता, भलाई, प्रगति और शांति में योगदान देता है। मैं प्रतिदिन अपने अंदर ईश्वर की भावना का फल अनुभव कर रहा हूं; मैं अब अपना भला मानता हूं; मैं प्रकाश में चलता हूं और सब अच्छा मेरा है। मैं आमतौर पर, शांत, निर्मल और संतुलित हूं, मैं जीवन के स्रोत के साथ हूं; मेरी सभी जरूरतों को समय के हर क्षण और अंतरिक्ष के हर बिंदु पर पूरा किया जाता है। मैं अब 'सभी खाली बर्तन' पिता के पास लाता हूं। ईश्वर की परिपूर्णता मेरे जीवन के सभी विभागों में प्रकट होती है। *यह सब पिता का है। मुझे खुशी है कि ऐसा है।*

कल्पना, ईश्वर की कार्यशाला

जहां कोई दूरदर्शिता नहीं होती, लोग नष्ट हो जाते हैं? मेरी दूरदृष्टि यह है कि मैं, जिस तरह से ईश्वर काम करता है, उस तरीके को और अधिक जानने की इच्छा रखता हूं। मेरी पूर्ण स्वास्थ्य, सद्भाव और शांति के लिए है। मेरी दृष्टि आंतरिक विश्वास है कि अनंत आत्मा सभी तरीकों से मुझे स्वस्थ करती है और मेरा मार्गदर्शन करती है। मैं जानता और मानता हूं कि मेरे अंदर की ईश्वर-शक्ति मेरी प्रार्थना का उत्तर देती है; यह मेरे अंदर एक गहरा विश्वास है।

मुझे पता है कि कल्पना मेरे मन में मेरी छवि का परिणाम है। जैसा कि पॉल कहते हैं, *विश्वास वह पदार्थ है, जिससे छवि बनती है।*

मैं केवल अपने लिए और दूसरों के लिए महान, अद्भुत और मसीह जैसा होने की कल्पना करता हूं। अब मैं कल्पना करता हूं कि मैं यह काम बहुत लंबे समय से कर रहा हूं, अब मैं उन चीजों को अपने पास रखने की कल्पना लंबे समय से रखता हूं, जो मेरे पास हैं; मैं कल्पना करता हूं कि मैं जो हूं, लंबे समय तक बना रहूंगा। इसे वास्तविक बनाने के लिए, मैं इसकी वास्तविकता महसूस करता हूं; मुझे पता है कि ऐसा है। आपका धन्यवाद, फादर।

मेरे लिए ईश्वर की इच्छा

ईश्वर मेरे लिए स्वर्ग की खिड़कियां खोलता है और मुझे आशीर्वाद देता है।

ईश्वर की इच्छा ईश्वर जैसी होनी चाहिए; क्योंकि वह ईश्वर का स्वरूप है। इसलिए मेरे लिए ईश्वर की इच्छा स्वास्थ्य, अच्छाई, सद्भाव और प्रचुरता है।

यदि तुम मुझमें निवास करते हो और मेरे शब्द तुममें रहते हैं तो तुम पूछोगे कि तुम्हारी क्या इच्छा है और तुम्हारी इस इच्छा को पूर्ण कर दिया जाएगा; प्रत्येक दिन मेरे ज्ञान और समझ में वृद्धि हो रही है। मैं ईश्वर के कार्यों के लिए एक आदर्श माध्यम हूं; मैं सभी चिंताओं और भ्रम से मुक्त हूं। मेरे अंदर असीम बुद्धिमत्ता है, मैं अपने पैरों पर खड़ा हूं। मुझे पता है कि मैं सही काम करने के लिए प्रेरित हूं; क्योंकि मेरे सभी कार्यों में ईश्वर का मार्गदर्शन है।

स्पष्ट रूप से प्रवाहित होने वाली शांति मेरे मन को पूर्ण कर देती है। मैं अपने आदर्श को मानने के साथ-साथ स्वीकार भी करता हूं। मुझे पता है कि यह अनंत में मौजूद है। मैं इसे अपनी पूर्ण मानसिक स्वीकृति द्वारा रूप और अभिव्यक्ति देता हूं। मुझे पूरी हुई इच्छा की वास्तविकता महसूस होती है। ईश्वर की शांति मेरी आत्मा को भर देती है।

मौन रहो

यीशु ने कहा, *ईश्वर एक भावना है और जो उसे पूजते हैं, उन्हें उसी भावना और सत्य में उनकी पूजा करनी चाहिए।*

मैं जानता हूं और महसूस भी करता हूं कि ईश्वर मेरे अंदर की एक भावना है। मुझे पता है कि ईश्वर मेरे अंदर सद्भाव, स्वास्थ्य और शांति की भावना का विश्वास हैं; यह मेरे अपने हृदय की गति है। आत्मविश्वास और विश्वास की भावना, जो अब मेरे पास है, वह ईश्वर की आत्मा और मेरे मन पर ईश्वर की क्रिया है; यही ईश्वर है; यह मेरे अंदर की रचनात्मक शक्ति है।

मैं जीता हूं, आगे बढ़ता हूं और मेरा विश्वास और आस्था है कि अच्छाई, सच्चाई और सुंदरता मेरे जीवन के सभी दिनों में बनी रहेगी; ईश्वर और सभी चीजों में विश्वास सर्वशक्तिमान है; यह सभी बाधाओं को दूर करता है।

मैं अब इंद्रियों का द्वार बंद कर देता हूं; मैं दुनिया से सारा ध्यान हटा लेता हूं। मैं एक सुंदर और भले ईश्वर की ओर जाता हूं; यहां मैं समय और स्थान से परे अपने पिता के साथ रहता हूं; यहां मैं सर्वशक्तिमान की छाया में रहता हूं और चलता-फिरता हूं। मैं हर प्रकार के भय, दुनिया के निर्णय और चीजों की उपस्थिति से मुक्त हूं। मैं अब उनकी उपस्थिति को महसूस करता हूं, जो पूरी होने वाली प्रार्थना या मेरी भलाई की उपस्थिति की भावना है।

मैं वह बन गया हूं, जिस पर मैं चिंतन करता हूं। अब मुझे लगता है कि मैं वही हूं, जो मैं बनना चाहता हूं; यह भावना या जागरूकता मुझमें ईश्वर का कार्य है; यह रचनात्मक शक्ति है। मैं पूरी होने वाली प्रार्थना के आनंद के लिए धन्यवाद देता हूं और मैं मौन धारण कर लेती हूं कि *मेरी पुकार को, मेरी प्रार्थना को सुन लिया गया है।*

होना, करना और प्राप्त करना

मेरे केंद्र में शांति है; यह ईश्वर की शांति है। इस स्थिरता में मुझे शक्ति, मार्गदर्शन और प्रेम की पवित्रता महसूस होती है। मैं दैवी रूप से सक्रिय हूं; मैं संपूर्ण दिशाओं में ईश्वर की पूर्णता व्यक्त कर रहा हूं। मैं दिव्यता का एक माध्यम हूं और मैं अब आंतरिक भव्यता को प्रवाहित करता हूं। मैं अपनी वास्तविक अभिव्यक्ति के लिए दिव्य रूप से निर्देशित हूं; मुझे एक शानदार विधि से प्रतिफल दिया गया है।

मैं ईश्वर को हर वस्तु में देखता हूं और ईश्वर हर जगह सभी पुरुषों में निहित है। मुझे पता है कि जैसे ही मैं शांति की इस नदी में अपने अस्तित्व को बहने देता हूं तो मेरी सभी समस्याएं हल हो जाती हैं। मुझे पूरी तरह से खुद को व्यक्त करने की आवश्यकता है और फिर सभी चीजें आकर्षण के सार्वभौमिक नियम द्वारा मुझे आकर्षित करती हैं। जिस तरह से मुझे पता चला है; मैं खुशी और सद्भाव से भरा गया हूं।

3

प्रेम, व्यक्तित्व, मानव और पारिवारिक संबंध

ईश्वर का फैलाव

तुम सब आपस में भाई-भाई हो, क्योंकि सबका पिता एक है।

मैं हमेशा हर परिस्थिति में और अपने सभी व्यक्तिगत संबंधों में सामंजस्य, शांति और आनंद को बरकरार रखने को वरीयता देता हूं। मैं जानता हूं, विश्वास करता हूं और दावा भी करता हूं कि ईश्वर की शांति मेरे घर और व्यवसाय में सभी के मन और हृदय में सर्वोच्च रूप से विद्यमान है। कोई फर्क नहीं पड़ता कि समस्या क्या है, मैं हमेशा शांति, शिष्टता, धैर्य और ज्ञान बनाए रखता हूं। मैं पूरी तरह से और स्वतंत्र रूप से सभी को क्षमा करता हूं, चाहे उन्होंने जो भी कहा हो या किया हो। मैंने अपने सभी बोझ मसीह पर डाल दिए; अब मैं मुक्त हो गया हूं; यह एक अद्भुत एहसास है। मुझे पता है कि मेरे क्षमा करने पर मुझे ईश्वरीय अनुग्रह प्राप्त होता।

मैं हर समस्या या कठिन परिस्थिति के पीछे ईश्वरीय उपस्थिति के दूत को देखता हूं। मुझे पता है कि हर चीज का समाधान है और यह कि हर चीज का ईश्वरीय व्यवस्था के अनुसार काम कर रही है। मुझे विश्वास है कि ईश्वर की उपस्थिति स्पष्ट है; यह *सिद्धि* का ज्ञान है।

ईश्वरीय बुद्धिमता और स्वर्ग की निरपेक्ष व्यवस्था हर समय मेरे माध्यम से कार्य कर रही है; मुझे पता है कि व्यवस्था स्वर्ग का पहला कानून है।

मेरा मन अब इस संपूर्ण सद्भाव पर खुशी और उम्मीद से लगा हुआ है। मुझे पता है कि परिणाम अपरिहार्य है, सही समाधान है; मेरा उत्तर ईश्वर का उत्तर है; यह दिव्य है; यह ईश्वर के फैलाव का माधुर्य है।

आध्यात्मिक पुनर्जन्म

आज मैं आध्यात्मिक रूप से पुनर्जन्म ले रहा हूं! मैं पूर्ण रूप से अपने आपको पुरानी सोच से अलग कर रहा हूं और मैं अपने अनुभव में निश्चित रूप से दिव्य प्रेम, प्रकाश और सच्चाई ला रहा हूं। मैं हर मिलने वाले व्यक्ति के लिए सचेत रूप से प्रेम महसूस करता हूं। मानसिक रूप से मैं हर किसी से संपर्क करता हूं, 'मैं आपमें मसीह को देखता हूं और मुझे पता है कि आप मुझमें मसीह को देखते हैं।' मैं सभी में ईश्वर के गुणों को पहचानता हूं। मैं सुबह, दोपहर और रात को इस भावना का पालन करता हूं; यह मेरे जीवन का भाग है।

मैं आध्यात्मिक रूप से अब पुनर्जन्म ले रहा हूं, क्योंकि मैं दिन भर ईश्वर की उपस्थिति का आभास करता हूं। इससे कोई फर्क नहीं पड़ता कि मैं क्या कर रहा हूं–चाहे मैं सड़क पर चल रहा हूं, खरीदारी कर रहा हूं या अपने दैनिक कार्य कर रहा हूं–जब भी मेरे विचार ईश्वर या पवित्रता से दूर होते हैं, मैं इन्हें ईश्वर की पवित्र उपस्थिति के चिंतन में वापस लाता हूं। मैं खुद को सज्जन, प्रतिष्ठित और मसीह जैसा महसूस करता हूं। मैं ईश्वर के साथ अपनी एकता को समझते हुए एक उच्च मनोदशा में चलता हूं। उसकी शांति मेरी आत्मा को पूर्ण कर देती है।

प्रेम मुक्त करता है

ईश्वर ही प्रेम है और ईश्वर ही जीवन है; यह जीवन अभिन्न है और अविभाज्य भी। जीवन स्वयं और सभी लोगों के माध्यम से प्रकट होता है; यह मेरे अस्तित्व के केंद्र में है।

मुझे पता है कि प्रकाश अंधेरे को दूर कर देता है, इसी तरह अच्छाई का प्रेम सभी बुराइयों को दूर करता है। प्रेम-शक्ति का मेरा ज्ञान अब सभी नकारात्मक परिस्थितियों पर काबू पाने में सक्षम है। प्रेम और नफरत एक साथ नहीं रह सकते। मैं अब अपने मन में हर प्रकार के भय या चिंतित विचारों पर ईश्वर के प्रकाश को डालता हूं और वे दूर हो जाते हैं। भोर (सत्य का प्रकाश) होते ही और परछाई (भय और शंका) भाग जाती है।

मुझे पता है कि दिव्य प्रेम मेरी रक्षा करता है, मेरा मार्गदर्शन करता है और मेरे लिए रास्ता साफ करता है। मैं दिव्य में विस्तार कर रहा हूं। मैं अब अपने सभी विचारों, शब्दों और कार्यों में ईश्वर को व्यक्त कर रहा हूं; ईश्वर की प्रकृति प्रेम है। मुझे पता है कि *पूर्ण प्रेम ने डर को दूर कर दिया।*

गुप्त स्थान

वह सबसे ऊंचे गुप्त स्थान पर रहता है और सर्वशक्तिमान की छाया के नीचे रहता है।

मैं सर्वशक्तिमान की छाया तले निवास करता हूं; यह मेरा अपना मस्तिष्क है। मेरे सभी विचार सद्भाव, शांति और सद्भावना के अनुरूप हैं। मेरा मन खुशी, प्रसन्नता और सुरक्षा की गहरी भावना का निवास स्थान है। मेरे मन में प्रवेश करने वाले सभी विचार मेरे आनंद, शांति और जन-कल्याण में योगदान करते हैं। मैं सुखद भाईचारे, प्रेम और एकता के माहौल में रहता हूं और चलता-फिरता हूं।

मेरे मष्तिष्क में रहने वाले सभी लोग ईश्वर की संतान हैं। मैं अपने घर के सभी सदस्यों और संपूर्ण मानव जाति के साथ मानसिक शांति का अनुभव करता हूं। उसी कलमनसाहत की इच्छा मैं अपने लिए और अन्य के लिए भी करता हूं। मैं अब ईश्वर के घर में रह रहा हूं। मैं शांति और खुशी का दावा करता हूं, क्योंकि मुझे पता है कि मैं हमेशा के लिए ईश्वर के घर में हूं।

अपनी भावना को नियंत्रित करें

वह धैर्य से प्रकोप को धीमा कर देता है: लेकिन वह, जो जल्दबाजी में रहता है, वह मूर्खता करता है। मैं हमेशा संतुलित, शांत और निर्मल रहता हूं। ईश्वर की शांति मेरे मन के साथ–साथ मेरे पूरे अस्तित्व को सराबोर कर देती है। मैं बहुमूल्य नियम का अभ्यास करता हूं और ईमानदारी से सभी पुरुषों के लिए शांति और सद्भावना की कामना करता हूं।

मुझे पता है कि सभी अच्छी चीजों का प्रेम मेरे मष्तिष्क के भय को समाप्त कर देता है। मैं अब सर्वश्रेष्ठ की खुशी की उम्मीद में रह रहा हूं। मेरा मन सभी चिंताओं और संदेह से मुक्त है। मेरे सत्य के शब्दों ने अब मेरे अंदर के हर नकारात्मक विचार और भावना को समाप्त कर दिया है। मैंने सभी को क्षमा कर दिया है; मैंने अपने हृदय के द्वार को ईश्वर की उपस्थिति के लिए खोल दिया है। मेरा पूरा अस्तित्व प्रकाश एवं ज्ञान से भर गया है।

जीवन की क्षुद्र बातें अब मुझे परेशान नहीं करती हैं। जब डर, चिंता और संदेह मेरे दरवाजे पर दस्तक देते हैं तो अच्छाई, सच्चाई और सुंदरता में निहित विश्वास दरवाजा खोलता है और कोई भी अंदर प्रविष्ट नहीं होता है। हे ईश्वर, तू ही मेरा पालनहार है और कोई नहीं है।

कृतज्ञता की प्रार्थना

ईश्वर को धन्यवाद दो; उसका नाम पुकारो; लोगों को उसके कामों से अवगत कराओ। उसकी महानता के गीत गाओ, उसका भजन करो: उसके सभी चमत्कारिक कामों की चर्चा करो। उसके पवित्र नाम का गुणगान करो: लोगों के हृदय को प्रसन्न करो, जो प्रभु को चाहते हैं।

मैं ईमानदारी और विनम्रता से उन सभी अच्छाइयों, सच्चाई और सुंदरता को धन्यवाद देता हूं, जो मेरे माध्यम से प्रवाहित हैं। मेरे मन, शरीर और कार्यों में मेरे लिए जो भी अच्छाई आई है, उसके लिए मैं हृदय से आभारी हूं। संपूर्ण मानव जाति के लिए प्रेम और शुभकामनाएं हैं। मैं उन्हें अपने विचार और एहसास में उच्च रखता हूं। मैं हमेशा अपना आभार प्रकट करता हूं और सभी अनुकंपाओं के लिए धन्यवाद देता हूं। मेरा कृतज्ञ हृदय मेरे मन और हृदय को ब्रह्मांड की सृजनात्मक शक्ति अखंड रूप से एकीकृत कर देता है। मेरे मस्तिष्क की आभारी और उल्लासमय अवस्था मुझे उन रास्तों से ले जाती है, जिसके द्वारा सभी अच्छी चीजें आती हैं।

धन्यवाद के साथ उसके द्वार में और प्रशंसा के साथ उसके दरबार में प्रवेश करें–उसके प्रति आभारी रहें और उसके नाम का आशीर्वाद दें।

अपने दिव्य साथी को कैसे आकर्षित करें

मुझे पता है कि मैं अब ईश्वर के साथ एकाकार हो गया हूं। मैं उसी में रहता हूं, उसी में चलता-फिरता हूं और वही मेरा अस्तित्व है। ईश्वर ही जीवन है; यह जीवन सभी पुरुषों और महिलाओं का जीवन है। हम सभी एक ही पिता के पुत्र और पुत्रियां हैं।

मैं जानता हूं और विश्वास भी करता हूं कि प्रेम करने और संजोने के लिए एक व्यक्ति मेरा इंतजार कर रहा है। मुझे पता है कि मैं उसकी

खुशी और शांति में योगदान कर सकता हूं। वह मेरे आदर्शों से प्यार करता है और मैं उसके आदर्शों से प्यार करता हूं। वह मुझे बदलना नहीं चाहता, न ही मैं उसे बदलना चाहता हूं। यही तो पारस्परिक प्रेम, स्वतंत्रता और सम्मान है।

एक मन है; मैं जानता हूं कि वह इस मन को नहीं जीत सकता। मैं अब उन गुणों और विशेषताओं के साथ एकजुट हो गया हूं, जिनकी मैं प्रशंसा करता हूं और अपने पति द्वारा व्यक्त करना चाहती हूं। हम मन में एक हैं। हम एक-दूसरे को पहले से ही जानते हैं और प्यार करते हैं। मैं उसमें मसीह को देखती हूं, वह मुझमें मसीह को देखता है। मुझे उससे *बिना मिले* ही मिलना चाहिए; क्योंकि यह मेरे अपने मन का नियम है।

ये शब्द और आगे बढ़ते हैं और जहां उन्हें भेजा जाता है, वहां उस कार्य को पूरा करते हैं। मुझे पता है कि यह अब ईश्वर में पूर्ण हो चुका है। आपका धन्यवाद, फादर!

ईश्वर अभिन्न और अविभाज्य है। उसी में हम प्रेम करते हैं, चलते हैं और वही हमारा अस्तित्व है। मैं जानता हूं और मानता हूं कि ईश्वर हर व्यक्ति में बसता है; मैं ईश्वर के साथ और सभी लोगों के साथ हूं। मैं अब सही व्यक्ति को आकर्षित करता हूं, जो मेरे साथ पूर्ण रूप से जुड़ा है। यह एक आध्यात्मिक मिलन है, क्योंकि यह ईश्वर की आत्मा है, जो किसी ऐसे व्यक्ति के व्यक्तित्व के माध्यम से कार्य करती है जिसके साथ मैं पूरी तरह से जुड़ा हुआ हूं। मुझे पता है कि मैं इस व्यक्ति को प्रेम, प्रकाश और सच्चाई दे सकता हूं। मुझे पता है कि मैं इस आदमी के जीवन को पूर्ण, संपूर्ण और अद्भुत बना सकता हूं।

अब मैंने फैसला किया है कि उसके पास अनेक प्रभावशाली गुण और विशेषताएं हैं यानी वह आध्यात्मिक, वफादार, विश्वसनीय और सच्चा है। वह समृद्ध, शांतिपूर्ण और खुशहाल है। हम एक-दूसरे के प्रति आकर्षित होते हैं। केवल वही जो प्रेम, सत्य और पूर्णता से संबंधित है, मेरे अनुभव में प्रवेश कर सकता है। मैंने अब अपने आदर्श साथी को स्वीकार कर लिया है।

दिव्य स्वतंत्रता

यदि तुम मेरे वचन के अनुसार कार्य करोगे तो मेरे शिष्य, तुम वास्तव में मेरे निकट होंगे: और तुम सत्य को जानोगे और सत्य तुम्हें स्वतंत्र करेगा। मैं सत्य से परिचित हूं और सत्य यह है कि मेरी इच्छा की प्राप्ति मुझे हर तरह के बंधन से मुक्त कर देगी। मैं अपनी स्वतंत्रता को स्वीकार करता हूं; मुझे पता है कि यह पहले से ही परमेश्वर के राज्य में स्थापित है।

मुझे पता है कि मेरी दुनिया की सभी चीजें मेरे अंदर के नजरिए का अनुमान हैं। जो कुछ भी सत्य, प्रेम, वैभवपूर्ण और मसीह-जैसा है, उस पर रहकर मैं अपना मन बदल रहा हूं। मैं अपने आपको अब जीवन की सभी अच्छी चीजों, जैसे शांति, सद्भाव, स्वास्थ्य और खुशी के रूप में देखता हूं।

मेरा चिंतन स्वीकृति के बिंदु तक बढ़ जाता है; मैं अपने हृदय की इच्छाओं को पूरी तरह से स्वीकार करता हूं। ईश्वर ही एकमात्र उपस्थिति है। मैं अब ईश्वर की पूर्णता व्यक्त कर रहा हूं। मैं मुक्त हूं! मेरे घर, हृदय और सभी कार्यों में शांति विद्यमान है।

शांति के लिए प्रार्थना

शांति मेरे साथ शुरू होती है। ईश्वर की शांति मेरे मन को भर देती है; सद्भावना की भावना मुझमें से प्रवाहित होते हुए संपूर्ण मानव जाति के लिए आगे बढ़ती है। ईश्वर हर जगह है और यह सभी पुरुषों के हृदयों को पूर्ण करता है। पूर्ण सत्य में सभी पुरुष अब आध्यात्मिक रूप से परिपूर्ण हैं; वे ईश्वर के गुणों और विशेषताओं को व्यक्त कर रहे हैं। ये गुण और विशेषताएं प्रेम, प्रकाश, सत्य और सौंदर्य हैं।

कोई अलग राष्ट्र नहीं हैं। सभी लोग एक राष्ट्र और एक राष्ट्र के हैं और यह एक राष्ट्र ईश्वर का राष्ट्र है। एक देश एक निवास स्थान

है; मैं परम प्रधान के गुप्त स्थान में निवास करता हूं; मैं चलता-फिरता हूं और ईश्वर के साथ बात करता हूं और ऐसा तो हर जगह सभी पुरुष करते हैं। केवल एक दिव्य परिवार है और वह मानवता है।

राष्ट्रों के बीच कोई सीमा या रुकावट नहीं है, क्योंकि ईश्वर एक है; ईश्वर अविभाज्य है। ईश्वर को उसके विरुद्ध विभाजित नहीं किया जा सकता है। ईश्वर का प्रेम सभी पुरुषों के हृदय में हर स्थान पर एक समान पहुँचता है। ईश्वर और उसका ज्ञान राष्ट्र पर शासन करने के साथ-साथ उसका मार्गदर्शन करता है; वह हमारे नेताओं और सभी देशों के नेताओं को अपनी इच्छा और सिर्फ अपनी इच्छा से कार्य करने के लिए प्रेरित करता है। ईश्वरीय शांति स्पष्ट रूप से प्रवाहित होते हुए मेरे मन के साथ-साथ संपूर्ण ब्रह्मांड के सभी पुरुषों के मन को पूर्ण करती है। धन्यवाद फादर, शांति के लिए आपका धन्यवाद!

4

अभिव्यक्ति

मेरे भविष्य की भविष्यवाणी

तूने उसे विभिन्न प्रकार के कामों पर आधिपत्य दिया। मुझे पता है कि ईश्वर में मेरा विश्वास मेरे भविष्य को निर्धारित करता है। ईश्वर में मेरी आस्था का अर्थ ही सभी चीजों में मेरा विश्वास है। मैं खुद को अब सच्चे विचारों के साथ एकजुट करता हूं और मुझे पता है कि भविष्य मेरी आदतन सोच की छवि और समानता में होगा। *किसी व्यक्ति का अपनी हृदय की सोच के अनुसार होता है।* इसी कारण मेरे विचार हैं–'जो भी चीजें सत्य हैं, जो भी चीजें निष्कपट हैं, जो भी चीजें न्यायपूर्ण हैं, जो चीजें प्रेमपूर्ण हैं और जो शुभ सूचक हैं;' दिन-रात मैं इन्हीं चीजों पर ध्यान लगाता हूं और मैं इन बीजों (विचारों) को जानता हूं, जिन पर मैं वास करता हूं, वे मेरे लिए एक समृद्ध फसल बन जाएंगे। मैं अपनी आत्मा का कप्तान हूं; मैं अपने भाग्य का मालिक हूं; मेरे विचार और भावना मेरी नियति हैं।

मेरा भाग्य

मुझे पता है कि मैं पुराने जमाने का हूं और अपनी किस्मत खुद बनाता हूं। ईश्वर में मेरा विश्वास मेरा भाग्य है; इसका मतलब है सभी चीजों में दृढ़ विश्वास करना। मैं सर्वश्रेष्ठ खुशी की प्रत्याशा में रहता हूं और मुझे सर्वश्रेष्ठ की प्राप्ति होती है। मुझे पता है कि मैं भविष्य में फसल काटूंगा, क्योंकि मेरे सभी विचार ईश्वर के विचार हैं और ईश्वर मेरे अच्छे विचारों के साथ हैं। मेरे विचार अच्छाई, सच्चाई और सुंदरता के बीज हैं। मैं अब अपने मन के बगीचे में प्रेम, शांति, आनंद, सफलता और सद्भावना के विचारों को रखता हूं। यह ईश्वर का बगीचा है और इससे भरपूर फसल मिलेगी। मेरे जीवन में ईश्वर की महिमा और सुंदरता का बखान होगा। इस क्षण से मैं जीवन, प्रेम और सच्चाई व्यक्त करता हूं। मैं हर तरह से प्रसन्न और समृद्ध हूं। आपका धन्यवाद, फादार!

रचनात्मक कल्पना

वे चीजें, जिन्हें तुम दोनों ने सीखा है और प्राप्त किया है और सुना है और मुझमें देखा है, उसे करो—और शांति का परमेश्वर तुम्हारे साथ रहेगा।

मेरा मष्तिष्क ईश्वर का मस्तिष्क है और मेरे विचार ईश्वर के विचार हैं। इस तरह मैं अपनी कल्पना का दैनिक उपयोग करता हूं—मैं लगातार उन पर ध्यान लगाता हूं कि जो सच्ची, ईमानदार, न्यायपूर्ण, प्रेमपूर्ण और शुभ सूचक हैं; मेरी कल्पना हर समय ईश्वर की कार्यशाला है। मैं केवल शांति, सद्भाव, स्वास्थ्य, धन, उत्तम अभिव्यक्ति और प्रेम की कल्पना करता हूं। मैं ईश्वर या पूर्णता के विपरीत सब कुछ अस्वीकार कर देता हूं।

आज मैं परमेश्वर के राज्य में अपनी असली जगह का दावा करता हूं। मैं अपने अंदर पहले परमेश्वर के राज्य की तलाश करने के लिए

इसे एक दैनिक अभ्यास बनाता हूं; मुझे पता है कि सभी अच्छी चीजों को शामिल किया जाएगा। मेरा संपूर्ण विश्वास यही हर प्रकार के ईश्वर में है और यह ठीक ही है। मुझमें ईश्वर का प्रेम ही सर्वोच्च है और यही हर प्रकार के भय को बाहर निकालता है। मैं शांति महसूस कर रहा हूं। मैं आपको धन्यवाद देता हूं, फादर!

संतुलित दिमाग

आप उसे पूर्ण शांति में रखते हैं जिसका मन आप पर टिका हुआ है, क्योंकि उसने आप पर विश्वास किया है। मुझे पता है कि मेरे हृदय में जो इच्छाएं उत्पन्न होती हैं, वे उस ईश्वर से आती हैं, जो मेरे अंदर वास करता है। ईश्वर चाहता है कि मैं खुश रहूं। मेरे लिए ईश्वर की इच्छा जीवन, प्रेम, सच्चाई और सौंदर्य है। मैं मानसिक रूप से अब अपने अच्छे को स्वीकार करता हूं और मैं दिव्य के लिए एक आदर्श, स्वतंत्र, बहता हुआ माध्यम बन जाता हूं।

मैं उसके सामने गाते हुए आता हूं; मैं प्रशंसा के साथ उसके दरबार में प्रवेश करता हूं; मैं हर्षित और प्रसन्न भी; मैं शांत हूं और संतुलित भी।

मेरे कान में अभी भी हल्की-सी आवाज फुसफुसाती है, जिससे मुझे अपना सही उत्तर पता चलता है। मैं ईश्वर की अभिव्यक्ति हूं। मैं हमेशा अपनी सच्ची जगह पर हूं; मैं वही काम कर रहा हूं जिसको करना मैं पसंद करता हूं। मैं मनुष्य के विचारों को सत्य मानने से इनकार करता हूं। मैं अब अंदर देखता हूं और मैं दैवी लय को महसूस करता हूं। मुझे लगता है कि मैं ईश्वर के प्रेम के संदेश को अपने कान में फुसफुसाते हुए सुनता हूं।

मेरा मन ईश्वर का मन है और मैं हमेशा दिव्य ज्ञान और दिव्य बुद्धि को प्रतिबिंबित करता हूं। मेरा मस्तिष्क मसीह की क्षमता को बुद्धिमानी और आध्यात्मिक रूप से सोचने का प्रतीक है। ईश्वर के

विचार मेरे दिमाग के अंदर व्यवस्थित अनुक्रम के साथ सामने आते हैं। मैं हमेशा संतुलित, शांत और निर्मल रहता हूं; क्योंकि मुझे पता है कि ईश्वर हमेशा मेरी सभी जरूरतों के लिए सही समाधान प्रकट देंगे।

रचनात्मक शब्द

तुम वचन के कर्ता हो और तुम केवल श्रोता को ही नहीं, बल्कि स्वयं को भी धोखा दे रहे हो। मेरा रचनात्मक शब्द मेरा मूक विश्वास है कि मेरी प्रार्थना को सुन लिया गया है। जब मैं उपचार, सफलता या समृद्धि के लिए शब्द बोलता हूं तो मेरा शब्द जीवन और शक्ति की चेतना में बोला जाता है, यह जानते हुए कि यह किया जा रहा है। मेरे शब्द में शक्ति है, क्योंकि यह सर्वव्यापिता के साथ एक है। मेरे द्वारा बोले गए शब्द हमेशा रचनात्मक और मौलिक होते हैं। जब मैं प्रार्थना करता हूं, मेरे शब्द जीवन, प्रेम और भावना से भरे होते हैं; यह मेरे प्रतिज्ञान, विचारों और शब्दों को रचनात्मक बनाते है। मैं बोले गए शब्द के पीछे जितना बड़ा विश्वास रखता हूं, उसके पास उतनी ही अधिक शक्ति होती है। मेरे द्वारा उपयोग किए जाने वाले शब्द एक निश्चित तरीका बनाते हैं, जो यह निर्धारित करते हैं कि मेरा विचार किस रूप में लेना है। दिव्य बुद्धिमत्ता मेरे माध्यम से संचालित होती है और मुझे पता चलता है कि मुझे क्या जानना है। अब इसके बारे में भली-भांति जानता हूं। मैं शांति महसूस कर रहा हूं और ईश्वर शांति ही तो है।

उत्तरित प्रार्थना

इससे पहले कि वे प्रश्न करें, मैं जवाब दूंगा; और जब वे बोल रहे हो, तो मैं सुनूंगा।

जब मैं प्रार्थना करता हूं तो मैं पिता, पुत्र और पवित्र आत्मा का आह्वान करता हूं; मेरी अपनी चेतना फादर ही तो है और बेटा मेरी इच्छा है; पवित्र आत्मा वह होने की अनुभूति है, जो मैं होना चाहता हूं।

मैं अब समस्या से अपना ध्यान हटा लेता हूं, चाहे कुछ भी हो। मेरा मन और हृदय उच्च प्रवाह लिए खुला है।

मैं जानता हूं कि मेरे अंदर परमेश्वर का राज्य है। मैं समझता हूं, महसूस करता हूं और यह भी जानता हूं कि मेरा अपना जीवन, मेरे होने की जागरूकता, पवित्र आत्मा की तरह सर्वशक्तिमान है। अब मैं उससे मिलकर एक हो गया हूं, जो हमेशा के लिए है। ईश्वर का प्रकाश मेरे मार्ग को रोशन करता है; मैं सभी मार्गों में दिव्यांगता से प्रेरित और शासित हूं।

अब मैं वैज्ञानिक रूप से प्रार्थना करना शुरू कर देता हूं, ताकि मैं दावा करने और खुद को महसूस करने की इच्छा पैदा कर सकूं कि मेरे पास क्या होना है और क्या प्राप्त करना है। मैं आत्मा के बारे में जानता हुआ आंतरिक मौन में चलता हूं, क्योंकि मैं जानता हूं कि मेरी प्रार्थना को पहले से ही सुन लिया गया है, क्योंकि मुझे इसकी वास्तविकता अपने हृदय में महसूस होती है। आपका धन्यवाद फादर; यह हो गया है!

ईश्वरीय उत्तर

मुझे पता है कि मेरी समस्या का जवाब मेरे अंदर विद्यमान ईश्वरत्व में निहित है। अभी भी मैं शांत और स्थिर हूं। मैं शांतिमय हूं। मुझे पता है कि ईश्वर शांति में बोलता है, भ्रम में नहीं। मैं अब अनंत के साथ तालमेल बैठा रहा हूं; मुझे पता है और विश्वास है कि अनंत बुद्धिमत्ता मुझे सही जवाब दे रही है। मैं अपनी समस्याओं के समाधान के बारे में सोचता हूं। मैं अब उस मन:स्थिति में रहता हूं, जहां मेरी समस्या समाप्त होती है। मैं वास्तव में इस विश्वास और आस्था में रहता हूं,

जो समाधान की स्थिति है; यह मेरे अंदर चलती हुई ईश्वर की आत्मा है। यह आत्मा सर्वशक्तिमान है; यह स्वयं प्रकट हो रही है। मेरे पूरे समाधान में आनंद आ रहा है, मुझे खुशी है। मैं इस भावना में जी रहा हूं और धन्यवाद देता हूं।

मुझे पता है कि ईश्वर के पास जवाब है। भगवाान भरोसे सब हो सकता है। ईश्वर मेरे अंदर जीवित आत्मा है; वह संपूर्ण ज्ञान और उदबोधन का स्रोत है।

मेरे अंदर ईश्वर की उपस्थिति का सूचक शांति और संतुलन की भावना है। मैं अब तनाव और संघर्ष की सभी भावना को समाप्त कर देता हूं; मुझे ईश्वर-शक्ति पर भरोसा है। मुझे पता है कि एक शानदार और सफल जीवन जीने के लिए आवश्यक संपूर्ण ज्ञान और शक्ति मेरे अंदर विद्यमान है। मैं अपने पूरे शरीर को आराम देता हूं; मैं सारा बोझ मसीह पर डाल देता हूं और मुक्त हो जाता हूं। मैं दावा करता हूं और ईश्वर की शांति मेरे मन, हृदय और पूरे अस्तित्व को प्रवाहित करती है। मुझे पता है कि शांत मन अपनी समस्याओं को हल करता है। अब मैं ईश्वर-उपस्थिति के अनुरोध को यह जानते हुए मोड़ देता हूं कि इसके पास जवाब है। मैं शांति महसूस कर रहा हूं।

ईश्वरीय मार्गदर्शन

मैं अब ईश्वर की सर्वव्यापकता और सर्वज्ञता पर ध्यान केंद्रित करता हूं। मुझे पता है कि यह अनंत बुद्धि अपने स्रोत के माध्यम से ग्रहों का मार्गदर्शन करती है। मैं जानता हूं कि यह वही दिव्य बुद्धि है, जो मेरे सभी मामलों को नियंत्रित करती है और निर्देशित करती है। मैं दावा करता हं और मानता भी हूं कि ईश्वरीय समझ हर समय मेरी है। मुझे पता है कि मेरी सभी गतिविधियां इस उपस्थिति से नियंत्रित होती हैं। मेरे सभी उद्देश्य ईश्वर के समान और सच्चे हैं। ईश्वर की बुद्धि, सच्चाई और सुंदरता हर समय मेरे द्वारा व्यक्त की जा रही है। सब जानने वाला

मेरे अंदर है। उसे पता है कि क्या करना है और कैसे करना है। मेरा व्यवसाय या पेशा पूरी तरह ईश्वर के प्रेम द्वारा नियंत्रित, शासित और निर्देशित है। ईश्वरीय मार्गदर्शन मेरा है। मुझे पता है कि मैं ईश्वरीय उत्तर से परिचित हूं, क्योंकि मेरा मन शांति के घेरे में हैं। मैं चिरस्थायी भुजाओं में विश्राम करता हूं।

सही कार्रवाई

मैं विचार, शब्द और कर्म में संपूर्ण मानव जाति के लिए सद्‌भावना को विकीर्ण करता हूं, मैं शांति और सद्‌भावना को अपने साथी को विकीर्ण करता हूं, जो मेरे पास हजार गुना होकर वापस आती है। मुझे जो कुछ भी जानना है, वह मेरे अंदर के स्व-ईश्वर से मुझे प्राप्त होता है। अनंत बुद्धिमत्ता मेरे माध्यम से परिचालित हो रही है, मुझ पर यह प्रकाशित करते हुए कि मुझे क्या जानना चाहिए। मेरे अंदर विद्यमान ईश्वर उत्तर जानता है। अब सही जवाब मुझे ज्ञात है। अनंत बुद्धिमत्ता और ईश्वरीय बुद्धि मेरे माध्यम से अलौकिकता बनाती है और मेरे जीवन में केवल सही कार्य और सही अभिव्यक्ति होती है। हर रात मैं खुद को ईश्वर के प्रेम के मंत्र में लपेटता हूं और दिव्य मार्गदर्शन को जानकर सो जाता हूं। जब भोर होती है, तो मैं शांति से भर जाता हूं। मैं विश्वास, आत्मविश्वास और आस्था से भरे नए दिन में आगे बढ़ता हूं। आपका धन्यवाद फादर!

मेरी इच्छा का पुनरुत्थान

ईश्वर की वाणी स्वास्थ्य, सौहार्द, शांति, प्रचुरता और सुरक्षा की मेरी इच्छा से बात करती है। मैं निश्चित रूप से खुश और सफल होना चाहता हूँ। मुझे ईश्वर सभी तरह से रास्ता दिखाता है। मैं अपने मस्तिष्क

और ह्रदय को पवित्र आत्मा के लिए मुक्त कर देता हूँ; मैं शाति महसूस कर रहा हूँ। मैं अपने अनुभव में सफल और खुश लोगों को आकर्षित करता हूँ। मैं अपने भीतर केवल ईश्वर की उपस्थिति और शक्ति को पहचानता हूँ।

ईश्वरीय प्रकाश मुझे और मेरे अंतरतम को पूर्ण रूप से प्रकाशित करता है। ईश्वर के प्रेम का नि:सरण मेरे अंदर प्रवाहित होता है; यह मेरे पास आने वाले लोगों के लिए एक उपचार है।

मैं अब वह होने का एहसास करता हूं जो मैं बनना चाहता हूं। मुझे अपनी इच्छा को पुनर्जीवित करने का तरीका पता है, यह तरीका सिद्धांतों के प्रति वफादार रहना है और, यह जानते हुए कि मेरे लिए एक सर्वशक्तिमान शक्ति काम कर रही है। मैं विश्वास और आत्मविश्वास की इस मनोदशा में रहता हूं; मैं इसके लिए धन्यवाद देता हूं; क्योंकि यह परमेश्वर में स्थापित है, और सब अच्छा है।

स्वयं का लक्ष्य हासिल करना

सभी तरीके से उसे स्वीकार करते हैं और वह तुम्हारा मार्ग प्रशस्त कर देगा। ईश्वर के बारे में मेरा ज्ञान और काम करने का तरीका लगातार बढ़ रहा है। मैं अपनी सभी भावनाओं को शांतिपूर्ण, रचनात्मक माध्यम के साथ नियंत्रित और निर्देशित करता हूं। दिव्य प्रेम मेरे विचारों, शब्दों और कार्यों को परिपूर्ण कर देता है। मेरा मन शांति के घेरे में है; मैं अपने साथी के साथ शांति से हूं। मैं हमेशा निश्चिंतता से रहता हूं। मुझे पता है कि मैं यहां ईश्वर को पूरी तरह से व्यक्त करने के लिए हूं। मेरा मानना है कि मैं पवित्र आत्मा के मार्गदर्शन में निहित हूं। मेरे अंदर की यह असीम बुद्धिमत्ता अब मुझे अभिव्यक्ति की सही योजना बताती है; मैं इसे आत्मविश्वास और खुशी से करने के लिए आगे बढ़ता हूं। मेरे पास जो लक्ष्य और उद्‌देश्य है, वह अच्छा है और बहुत अच्छा है। मैं निश्चय ही तृप्ति के रास्ते पर हूं। सर्वशक्तिमान सत्ता अब मेरी ओर से अग्रसर होती है; वह मेरे मार्ग को प्रशस्त करने वाला प्रकाश है।

व्यावसायिक समस्याएं

मैं जानता हूं और मानता हूं कि मेरा कार्य ईश्वर का कार्य है; ईश्वर मेरे द्वारा किये जाने वाले सभी कार्यों में मेरा साथी है; मेरे लिए इसका मतलब है उसका प्रकाश, प्रेम, सच्चाई और प्रेरणा हर तरह से मेरे हृदय और मस्तिष्क को भर देता है। मैं अपने अंदर की दिव्य शक्ति पर अपना पूरा भरोसा रखकर अपनी सभी समस्याओं का समाधान करता हूं। मुझे पता है कि उसकी उपस्थिति सब कुछ बनाए रखती है। मैं अब सुरक्षा और शांति में आराम करता हूं। इस दिन मैं सही समझ से घिरा हुआ हूं; मेरी सभी समस्याओं का एक दिव्य समाधान है। मैं निश्चित रूप से सभी को समझता हूं; मुझे भी स्पष्ट रूप से समझ लिया गया है। मुझे पता है कि मेरे सभी व्यापारिक संबंध सद्भाव के ईश्वरीय कानून के अनुरूप हैं। मुझे पता है कि मसीह मेरे सभी ग्राहकों को प्रेरित करता है। मैं दूसरों के साथ सौहार्दपूर्वक काम करता हूं, ताकि अंत में खुशी, समृद्धि और शांति का सर्वोच्च शासन हो।

व्यापार में सिद्धांत

मेरा व्यवसाय ईश्वर का व्यवसाय है। मैं हमेशा अपने पिता के व्यवसाय में हूं, जो संपूर्ण मानव जाति के लिए जीवन, प्रेम और सत्य को विकीर्ण करता है। मैं अब अपने आपको पूरी तरह से व्यक्त कर रहा हूं; मैं अपनी प्रतिभा को शानदार तरीके से प्रयोग कर रहा हूं। मुझे दिव्य उपहार दिया जाता है।

ईश्वर मेरे व्यवसाय, पेशे या गतिविधि को अद्भुत तरीके से समृद्ध कर रहे हैं। मेरा दावा है कि मेरे संगठन के सभी लोगों का विकास, कल्याण और समृद्धि में आध्यात्मिक संबंध है; मुझे यह पता है कि वे विश्वास करते हैं और यह खुशी है कि ऐसा है। मेरे साथ जुड़े हुए सभी लोग दिव्य हैं और प्रकाश द्वारा प्रकाशित हैं।

वह प्रकाश, जो दुनिया में आने वाले हर आदमी को प्रकाशित करता है और मुझे हर तरह से निर्देशित करता है। मेरे सभी निर्णय दिव्य बुद्धि द्वारा नियंत्रित होते हैं। अनंत बुद्धिमत्ता से उस बेहतर तरीके का पता चलता है, जिससे मैं मानवता की सेवा कर सकता हूं। मैं हमेशा के लिए प्रभु में विश्राम करता हूं।

अपनी समस्याओं को कैसे हल करें

जब आप प्रार्थना करते हैं तो आप किन चीजों की इच्छा करते हैं, विश्वास करें कि आप उन्हें प्राप्त करेंगे और आप उन्हें प्राप्त कर ही लेते हैं। मुझे पता है कि किसी भी समस्या का समाधान इच्छा के रूप में इसके अंदर ही होता है। मेरी इच्छा का एहसास अच्छा और बहुत अच्छा है। मुझे पता है और विश्वास भी है कि मेरे अंदर रचनात्मक शक्ति को लाने की पूर्ण शक्ति है। जिस सिद्धांत ने मुझे इच्छा दी, वह सिद्धांत ही इसे जन्म देता है। इस बारे में मेरे दिमाग में कोई तर्क नहीं है।

मैं अब उस सफेद घोड़े की सवारी करता हूं, जो मेरे मन के पनीली सतह पर विचरण करती हुई ईश्वरीय आत्मा है। मैं अपना ध्यान समस्या से हटाता हूं और पूरी हुई इच्छा की वास्तविकता पर ध्यान केंद्रित करता हूं। मुझे लगता है कि मेरी प्रार्थना को सुन लिया गया है। मैं इसकी वास्तविकता को महसूस करके इसे वास्तविक बनाता हूं। उसी में मैं रहता हूं, चलता-फिरता हूं और इसी में मेरा अस्तित्व है; मैं इस भावना में रहता हूं और धन्यवाद देता हूं।

सफलता के लिए कदम

'क्या आप अपने पिता के व्यवसाय के लिए ऐसा नहीं करेंगे।' मुझे पता है कि मेरा व्यवसाय, पेशा या गतिविधि ईश्वर का व्यवसाय है। ईश्वर

का व्यवसाय मूल रूप से हमेशा सफल होता है। मैं हर दिन ज्ञान और समझ में बढ़ रहा हूं। मैं जानता हूं, विश्वास करता हूं और इस तथ्य को स्वीकार करता हूं कि ईश्वर का नियम बहुतायत से मेरे लिए, मेरे माध्यम से और मेरे चारों ओर काम कर रहा है।

मेरा व्यवसाय या पेशा सही कार्रवाई और सही अभिव्यक्ति से भरा है। विचार, पैसा, व्यापार और संपर्क जिनकी मुझे आवश्यकता है, वे अब और हर समय मेरे हैं। सार्वभौमिक आकर्षण के नियम से ये सभी चीजें मेरी ओर आकर्षित हैं। ईश्वर मेरे व्यवसाय का जीवन है; मैं हर प्रकार से दिव्य रूप से निर्देशित और प्रेरित हूं। हर दिन मुझे विकसित होने, विस्तार करने और प्रगति करने के अद्भुत अवसर प्रदान किए जाते हैं। मैं सद्भावना का निर्माण कर रहा हूं। मैं एक बड़ी सफलता हूं, क्योंकि मैं दूसरों के साथ व्यापार करता हूं, जैसा कि वे मेरे साथ करने देता हूं।

प्रार्थना की विजय

मैंने अब सब कुछ जाने दिया; मैं शांति, सद्भाव और आनंद की प्राप्ति में प्रवेश करता हूं। हर ओर ईश्वर है, सभी के माध्यम से है और सभी में है। मैं विजयी जीवन का नेतृत्व करता हूं, क्योंकि मैं जानता हूं कि दिव्य प्रेम मार्गदर्शन करता है, दिशा-निर्देशन करता है, मुझे बनाए रखता है और मुझे स्वास्थ्य प्रदान करता है। ईश्वर की बेदाग उपस्थिति मेरे अस्तित्व के केंद्र में है; यह मेरे शरीर के कण-कण में प्रकट होता है। मेरे दिल की इच्छा को पूरा करने में कोई देरी, बाधा या रुकावटें नहीं हो सकती हैं। सर्वशक्तिमान ईश्वर की शक्ति अब मेरी ओर से बढ़ रही है। *कोई भी अपना हाथ नहीं रखेगा और यह कहेगा, तू क्या कर रहा है?* मुझे मालूम है कि मुझे क्या चाहिए; मेरी इच्छाएं स्पष्ट और निश्चित हैं। मैं इसे अपने मन में पूरी तरह स्वीकार करता हूं। मैं अंत तक वफादार हूं। मैंने यरूशलेम में प्रवेश किया है; इसका मतलब है कि मेरा मन शांति के घेरे में है।

पुस्तक 2

समृद्ध कैसे हों

मनुष्य केवल रोटी से नहीं, बल्कि हर उस वचन से जीवित रहेगा, जो ईश्वर के मुख से निकलता है। (मैथ्यू 4:4)

बहुतायत का नियम केवल स्त्रोत्रकर द्वारा व्यक्त किया जाता है, जब वह कहता है, *उसका आनंद प्रभु के कानून में है।* जब हमारी खुशी और हमारी इच्छा 'प्रभु के कानून' के लिए है और जब हम दृष्टि और सद्भाव और पूर्णता के कानून की समझ के अभ्यास के लिए तरस रहे हैं तो हम स्वास्थ्य, शांति और प्रचुरता के रास्ते पर हैं। आइए, हम हमेशा एकमात्र सर्वव्यापी सत्ता के साथ महसूस करने में लीन हो जाएं, जो हमेशा से है; तब हम नियत मौसम में फल लाएंगे; हमें पता चलेगा कि मसीह जैसी योजनाएं और अवसर खुद को हमारे सामने प्रस्तुत करेंगे और हमारा पत्ता (विचार) भी मुरझाएगा नहीं। हम जो भी कार्य करते हैं और जो भी स्वयं प्रस्तुत करते हैं, हम उसे पूरा करेंगे और निष्पादित करेंगे; इसके अलावा जो भी आग, ऊर्जा और उत्साह हमें अपने आदर्श, स्वर्ग के पेड़ से वसंत को लाने की जरूरत है और प्यार और विश्वास के स्वर्गीय पानी से भरे हुए हैं।

समृद्धि का अर्थ है अपनी क्षमता या योग्यता को हर दिशा में बढ़ाना, ताकि हम अपने और शक्ति का उपयोग करने योग्य बन सकें। अमेरिकी दिमाग *समृद्ध* शब्द को एक डॉलर के साथ जोड़ता है, लेकिन हमें तब तक अधिक पैसा नहीं मिलता है, जब तक हम अपने ईश्वरीय के ज्ञान को आंतरिक रूप से समृद्ध नहीं करते हैं और जिस तरह से वह काम करता है उस तरह से काम नहीं करते हैं और जब तक अपने आपको व्यक्त करने की अपनी क्षमता को समृद्ध नहीं करते हैं।

हम कभी चीजों के लिए प्रार्थना नहीं करते; हम अपनी इच्छा होने की या चेतना की स्थिति में प्रवेश करते हैं। आप जिस स्थिति, धन और संबंध को बनाना चाहते हैं, वे चित्र, समानता या चेतना के भौतिक रूप हैं, जो उन्हें उत्पन्न करते हैं।

धन, दोस्त, आदि जो आप चाहते हैं, वह आप लंबे समय तक अपनी *भावना में प्रवेश करके* प्रकट हो सकते हैं। इस मनोदशा में आपके होने की भावना तब तक जारी रहती है, जब तक आपकी इच्छा पूरी नहीं हो जाती है और इच्छा पूरी होने के बाद आप शांति से रहते हैं। *मैं जीवनदायी रोटी* हूं (जॉन 6:35)। आइए हम महसूस करें कि

मैं सच्ची रोटी हूं। जब आप कहते हैं, 'मैं, शायद और हां शायद,' तब आप अपनी कमी का दावा कर रहे होते हैं। आप स्वीकार कर रहे होते हैं, "मेरे पास नहीं है।'

आइए हम यीशु द्वारा प्रतिपादित सत्य पर ध्यान दें। *जब भी आप प्रार्थना में विश्वास करेंगे, तब आप इच्छित वस्तु प्राप्त करेंगे* (मैथ्यू 21:22)। यदि आप मौन रहकर दावा करते हैं, 'मैं धनवान हूं,' इन शब्दों से धन की प्राप्ति नहीं होगी। हमें धनवान महसूस करना चाहिए। धन की चेतना धन का उत्पादन करती है। हमें पता होना चाहिए कि हम यहां नाटक करने, चित्रण करने और ईश्वर को व्यक्त करने के लिए हैं, जो कि सद्भाव, स्वास्थ्य और शांति है। हमारा जीवन आनंदमय अनुभवों से भरा होना चाहिए; हमें सभी दिशाओं में स्वतंत्र रूप से विकास करना चाहिए।

समृद्धि के इस पूरे नियम को इन शब्दों में खूबसूरती से चित्रित किया गया है–*आज के दिन हमें हमारी दैनिक रोटी दें* (मैथ्यू 6:11) । अनंत आपूर्ति और पदार्थ सर्वव्यापी हैं; हमें इस तथ्य को उसी तरह स्वीकार करना चाहिए, जैसे हम बाग में पेड़ों से सुस्वाद फलों को स्वीकार करते हैं; हमें अपना हाथ ऊपर करके पेड़ों से फल लेना चाहिए; इसी तरह हमें आपूर्ति का दावा करना चाहिए और इसकी उपस्थिति को स्वीकार करना चाहिए।

मुद्रा विनिमय, टोकन या प्रतीक का एक माध्यम है। यह दिव्य मन का एक विचार है। हवा या धूप की कोई कमी नहीं है; इसी तरह आपूर्ति में कोई कमी नहीं है। जब हम हवा को आत्मसात करते हैं तो हमारे फेफड़ों की क्षमता कितनी होती है? इस मात्रा में हम सभी एक सांस ले सकते हैं। उसी तरह हम अपने आपसे पूछें, 'मेरी प्राप्त करने की क्षमता कितनी है?'

उदाहरण के अनुसार, हम समुद्र के किनारे कुछ पानी चाहते हैं। यदि हम समुद्र में एक गिलास डालते हैं तो हम केवल उसी मात्रा को प्राप्त कर सकते हैं; कुछ लोग एक गैलन लेते हैं; दूसरे को एक डेमी-जॉन ले सकते है, लेकिन वे समुद्र को कभी भी समाप्त नहीं कर

सकते हैं; वह सभी के लिए पर्याप्त है। हमारी सारी भलाई का स्रोत एक अपरिवर्तनीय आत्मा है, जो अटूट और सर्वव्यापी है।

यदि आपको लगता है कि आपका पुरुषार्थ और आपूर्ति एक निश्चित स्थिति पर निर्भर है तो आप गलत हैं। काम केवल प्रवाह है जिसके माध्यम से आपकी आपूर्ति आ सकती है और ईश्वर की प्रणाली अनंत है। जब एक दरवाजा बंद हो जाता है, तब दूसरा खुल जाता है।

यदि किसी व्यक्ति का नियोक्ता दिवालिया हो गया हो, तब व्यक्ति की स्थिति खराब होने पर उसका रवैया कैसा होना चाहिए? नुकसान की निंदा करने के बजाय उस व्यक्ति को आनंदित होना चाहिए और अंदर से कहना चाहिए कि एक नई अद्भुत स्थिति तुरंत उपलब्ध होगी; फिर एक नई स्थिति और एक बेहतर स्थिति आसान तरीके से आएगी। आइए, हम प्रवाह के प्रति निष्पक्ष हो जाएं और अपने भले के स्रोत के प्रति सचेत हो जाएं; सही सोच, सही भावना और सही कार्य में पहले ही दिन से ही जुट जाएं।

हमें ईश्वर की उपस्थिति को महसूस करना चाहिए; यह हमारी अपनी चेतना का एक अनुभव है। उसकी उपस्थिति के बारे में सोचना और उसके बारे में सभी को बहुत अच्छी तरह से सोचना है, लेकिन हमें वह आंतरिक अहसास भी होना चाहिए, जो प्रत्येक दिन की सुबह और रात को मौन के माध्यम से आता है। देवता के गुणों और विशेषताओं का ध्यान करें और आप महसूस करेंगे कि उसकी उपस्थिति आपके अंदर स्वाभाविक रूप से बनी है। आप हवा को देखते या सूंघते नहीं हैं; लेकिन आप अपने चेहरे पर हवा को महसूस करते हैं; इसी तरह उपस्थिति की चमक और गर्मी को महसूस कर सकते हैं। कुछ लोग इसे एक झुनझुनी सनसनी के रूप में संदर्भित करते हैं; यह ऐसा है मानो देवताओं का राग त्रिक जालक पर बज रहा हो।

यदि आप समृद्धि का प्रदर्शन करना चाहते हैं तो अतीत को भूल जाइए; कल बीत चुका है; हालांकि हम इसे सोचकर और इस पर विश्वास करके आज जीवंत बना सकते हैं, लेकिन आज के दिन आप क्या महसूस कर रहे हैं; यह आपके मन की स्थिति है, जो सुखद

जीवन प्रदर्शित करती है। लोगों को इस बारे में सोच-सोचकर अपनी ऊर्जा और समय को बेकार तो करना ही है, साथ ही यह सोचना भी बहुत ही मूर्खतापूर्ण है कि कभी वे भी अमीर हुआ करते थे। अक्सर वे कहते हैं, 'मैं *अब* यह प्रदर्शन क्यों नहीं कर सकता?' कारण यह है कि अतीत पर ध्यान देना मृत्यु और ठहराव है। हमें हर तरह से अतीत में अपने प्रदर्शनों से आनंदित होना चाहिए, लेकिन *वर्तमान* को स्वीकार करना चाहिए; आज मोक्ष के दिन को ध्यान से देखना चाहिए।

अब अनंत आपूर्ति तुरंत उपलब्ध है। भले ही आप अतीत में जो कुछ थे या जो कुछ भी आपके पास था, आपूर्ति आज आपके दावे और मान्यता का इंतजार कर रही है। यह आपूर्ति सर्वव्यापी है; यह आपके आशंका के उतार-चढ़ाव और प्रवाह से अनुकूलित नहीं है। आप आज पिछले सप्ताह का खाना नहीं खा सकते हैं। अब अपने अच्छे को स्वीकार करें और इस धारणा में रहें कि 'यह हो चुका है।'

वैज्ञानिक विचारक या सच्चे छात्र कभी भी दूसरे से ईर्ष्या या द्वेष नहीं करते हैं, क्योंकि वे जानते हैं कि वे उसी स्रोत पर जा सकते हैं और जो कुछ भी चाहते हैं, उससे मांग सकते हैं। जब हम दूसरे के धन और सफलता से ईर्ष्या करते हैं तो यह हमें समृद्धि का प्रदर्शन करने से रोकता है। यह दूसरे व्यक्ति को ऊंचा करता है और हमें गिराता है। यह कानून व्यक्तियों का कोई सम्मान नहीं करता है; यह उनके विश्वास के अनुसार सभी को प्रदान करता है। ईर्ष्या ऊर्जा का विनाश है और यह एक विनाशकारी, भावनात्मक बल है। हम दूसरे की सफलता पर खुशी मनाएं; तब हम सफलता को अपनी ओर आकर्षित करते हैं। हमें यह महसूस करना चाहिए कि दूसरा व्यक्ति स्वयं का विस्तार है।

हम जीवन में अपनी वास्तविक जगह का पता लगाकर दावा कर सकते हैं और महसूस कर सकते हैं कि अनंत आत्मा ने इसे हमारे सामने प्रकट कर दिया है और हम अब दुनिया के लिए अपनी छिपी हुई प्रतिभा को व्यक्त कर रहे हैं। जैसा कि हम चेतना में यह दावा करना और स्वीकार करना जारी रखते हैं कि हम जीवन में अपने वास्तविक स्थान पर बने रहेंगे। हमारे अंदर का ईश्वर अपने आपको इस अभिव्यक्ति के लिए जो कुछ भी आवश्यक है, उसे स्वचालित रूप से

देगा। हम तब तक कभी भी सफल नहीं हो सकते, जब तक हम उस काम को करना पसंद नहीं करते हैं। जब हम उस चीज से प्यार करते हैं, जो हम कर रहे हैं, तो यह निरस काम नहीं होता है; न ही हम अब अपने माथे के पसीने से लथपथ हो काम कर रहे हैं। बाद की अवधारणा प्रथागत है, लेकिन यह निश्चित रूप से गलत है। 'वे शांत रहते है और कर्तव्यों का पालन करते हैं।' आप और ईश्वर उस काम में एक हैं, जो आप कर रहे हैं।

जब आप अपनी प्रतिभा को दुनिया के सामने व्यक्त कर रहे होते हैं तो अपने साथियों को आशीर्वाद और लाभ पहुंचाते हुए आप निश्चिंत हो सकते हैं कि आप अपने पिता का कार्य कर रहे हैं। यदि आप ईश्वर के कार्य या उसके किसी भाग में हैं तो ईश्वर स्वभाविक रूप से आपके साथ है, इसलिए आपके खिलाफ कौन हो सकता है? मन की इस सोच के साथ आपसे सफलता वापस लेने के लिए स्वर्ग या पृथ्वी में कोई शक्ति नहीं है।

जीवन में ऐसा समय आता है, जब लोग मेरे पास आते हैं और कहते हैं–"समय बहुत धीमा है; अचल संपत्ति नहीं बढ़ रही है।" अचल संपत्ति–किसी भी चीज की तरह–ईश्वरीय मन में एक विचार है; मालिकों को केवल इतना करना है कि वे दूसरों के साथ विचारों का आदान-प्रदान करें। खरीदना और बेचना हमारी अपनी चेतना में होता है। यदि आपके पास बेचने के लिए कुछ है तो महसूस करें और जानें कि अनंत आत्मा ने अब आपको सही समय पर सही व्यक्ति के लिए प्रकट किया है और यह कि सत्य के साम्राज्य में बिक्री पहले से ही पूरी हो चुकी है। आपकी भावना या यह दृढ़ विश्वास कि लेन-देन आपकी चेतना में पहले ही हो चुका है, विनिमय का एकमात्र सच्चा माध्यम आपको विश्वास और आस्था देता है। आप थोड़ी देर इंतजार करते हैं और जवाब आपको कुछ इस तरह से मिलता है, जैसे कि कभी-कभी रात में चोर आता है, एक आश्चर्य के रूप में या जब आप इसकी उम्मीद कम-से-कम करते हैं।

हमेशा याद रखें कि अनंत ज्ञान यानी को पता है कि उपलब्धि कैसे प्राप्त होती है; इसलिए यदि आप एक बदलाव चाहते हैं और अपनी

संपत्ति, कुछ सामान या किसी विचार को दूसरे को बेचना चाहते हैं तो यह आपके सभी अनुरोधों का सही उत्तर जानता है। यदि कोई व्यक्ति, जो आपके विचार से सौभाग्यशाली और खुश होगा और यदि वह चीन में है, तो उसे वापस लाया जाएगा और आप दोनों एक-दूसरे के प्रति आकर्षित होंगे। "मेरे तरीके अतीत का पता लगा ही लेते हैं।"

कई लोग पूछते हैं, "क्या मुझे अपनी संपत्ति के लिए 150,000 डॉलर मिल सकते हैं?" उत्तर प्रश्न में ही निहित है। स्वर्णिम नियम जीवन का नियम है; बाकी सब तो टिप्पणी ही है। यदि स्थिति को उलट दिया जाए तो क्या आप 150,000 डॉलर का भुगतान करने के लिए तैयार होंगे? क्या आप मूल्य को लेकर अपनी चेतना में सहज हैं? क्या यह आपकी नजर में न्यायसंगत और सही है? यदि आप इन प्रश्नों का उत्तर 'हाँ' में दे सकते हैं तो फिर मूल्य उचित है।

अपने सभी लेन-देन में हमें यह महत्वपूर्ण नियम याद रखना चाहिए–'दूसरों के साथ वैसा ही करो, जैसा तुम अपने लिए चाहते हो।'

जब हमारे पास बेचने के लिए संपत्ति होती है तो क्या हम अंदर से यह महसूस करते हैं कि हम अधिक मूल्य मांग रहे हैं? क्या हम दूसरों को धोखा देने में होशियार हैं? क्या हम दूसरे व्यक्ति का फायदा उठाने की कोशिश करते हैं? यदि हम ऐसा करते हैं, तब हम नियम का उल्टा उपयोग कर रहे हैं। हम वास्तव में समृद्ध हैं, जब हम नियम का सही उपयोग करते हैं। हम वास्तव में तभी समृद्ध होते हैं, जब हम कानून का सही उपयोग करते हैं। जब हम लूटपाट करते हैं, चोरी करते हैं और धोखा देते हैं, तब हम एक डर और अपराध-बोध महसूस करते हैं; हम अपने लिए नुकसान को आकर्षित करते हैं, *क्योंकि कुछ भी ढका हुआ नहीं है, सब कुछ बाहर आएगा* (ल्यूक 12:2)। यह न्याय का सिद्धांत एक गणित का सिद्धांत है।

मैंने कई लोगों के साथ वर्षों तक इस संदर्भ में बात की है और मुझे एक लगातार शिकायत मिली है, 'यदि आपने उन सभी बिलों को देखा, जो मुझे मिले है–समय बहुत भयानक है!' हमें महसूस करना चाहिए कि स्वर्ग (सद्भाव) में कोई ऋण नहीं हैं। यह ईश्वर और स्वर्ग में कैसे है?

इसका उत्तर यह है कि परम सुख, सद्भाव, उत्तम संतुलन और आनंद स्वर्ग कहे जाने वाले चेतना की अवस्थाएं हैं। हमें महसूस करना चाहिए कि अब सभी बिलों का भुगतान कर दिया गया है; खुशी की बात है कि ऐसा है। हमें प्रसन्नचित्त, खुशहाल अवस्था में प्रवेश करके उन्हें अपने स्वयं के मन में भुगतान किए जाने वाले चिह्नों को चिह्नित करना होगा, जो सभी बिलों का भुगतान करते हैं और अपने होंठों पर 'आपका धन्यवाद, पिता' शब्दों के साथ सोते हैं। हम पहले से ही चेतना में प्राप्त उपहार के लिए धन्यवाद दे रहे हैं। हम खुद को एक आंतरिक जागरूकता, भावना या दृढ़ विश्वास द्वारा उपहार देते हैं। किसी तरह इन बिलों का भुगतान किया जाएगा; एक दिव्य अधिशेष भी होगा। अब हम फैसला कर सकते हैं कि आपूर्ति के अनंत स्रोत के साथ हम एक हो गए हैं और यह कि हमारी सभी जरूरतों को तुरंत पूरा कर दिया जाता है; तब कानून का काम देखो!

यदि आप धन चाहते हैं तो धन के साथ मित्रवत् व्यवहार करें; तब आपको इसकी कमी कभी नहीं होगी। जब पैसा प्रचलन में होता है तो समय समृद्ध होता है। जब लोग उकसाना शुरू करते हैं और तो डर-डरावना दैत्य-की तरह अपने सिर को उठाता है और एक अवसाद की स्थिति पैदा हो जाती है। यह पूरी तरह से मनोवैज्ञानिक है। प्रकृति में कोई कमी नहीं है। प्रकृति भव्य, असाधारण और भरपूर है। यह कहा गया है कि फल की मात्रा, जो जमीन पर गिरती है और हर साल उष्णकटिबंधीय में घूमती है, वह पूरी दुनिया को खिलाएगी। प्रकृति के दुरुपयोग और वितरण में हमारी विफलताओं से कमी आती है।

चार्ल्स बॉडविन और एडेन पॉल (डोब-मीड, 1921) द्वारा लिखित *सजेशन एंड ऑटो-सजेशन* (Suggestion and Auto-Suggestion) नामक पुस्तक ने दुनिया को *विपरीत प्रयास के कानून से अवगत कराया।* सुझाव के नियम के अध्याय में पेज 137 पर कहा गया है—"जब कोई विचार किसी सुझाव को जन्म देने के लिए इस हद तक खुद को दिमाग पर थोपता है तो इस सुझाव का प्रतिकार करने के लिए विषय के सभी सचेत प्रयास केवल वांछित प्रभाव के बिना, लेकिन वे वास्तव में

विषय की जागरूक इच्छाओं का विरोध करते हैं और सुझाव को तीव्र करते हैं।" दूसरे शब्दों में, जब भी हम संदिग्ध भ्रमित स्थिति में होते हैं और अपने आपसे कह रहे होते हैं, 'मुझे पसंद करना चाहिए, लेकिन मैं नहीं कर सकता,' या 'मुझे अपने बिलों का भुगतान करने के लिए पैसे चाहिए, लेकिन यह निराशाजनक है,' हम जितना चाहें उतना कठिन काम कर सकते हैं, लेकिन हम जितना कठिन प्रयास करेंगे, हम अपनी इच्छा को प्रकट करने में उतने ही सक्षम होंगे।

हम जब वित्तीय कठिनाई में होते हैं, तब कई गैर-जिम्मेदार सुझाव हम खुद को प्रस्तुत करते हैं, जैसे—भय, निराशा और विश्वास का पूर्ण अभाव। हम किंकर्तव्यविमूढ़ हो जाते हैं और हार मान लेते हैं। जितना अधिक हम अच्छा सोचने की कोशिश करते हैं, उतना ही अधिक हिंसक और बुरे विचार का हमला होता है। यह प्रयास वांछित परिणाम प्राप्त करने का तरीका नहीं है।

एमिल कुई ने *विपरीत प्रयास के कानून* की उत्पत्ति की। उनके शब्दों में उनका फॉर्मूला इस प्रकार है–'जब इच्छा और कल्पना संघर्ष में हों तो कल्पना हमेशा ही लाभ प्राप्त करती है।' इसे बताने का एक और तरीका है, जब हमारी इच्छा हमारी कल्पना या विश्वास के साथ संघर्ष में होती है तो हमारा विश्वास जीत जाता है। प्रमुख विचार हमेशा जीतता है। प्रयास प्रतिरोध के विचार को दूर करता है जिसे दूर होना ही होता है; इस प्रकार हमारे पास दो परस्पर विरोधी विचार या सुझाव होते हैं–'मुझे अब धन या पैसा चाहिए, लेकिन मैं इसे प्राप्त नहीं कर सकता।' इसमें तटस्थता होती है और आनंद होता है। यह एक अम्ल और एक क्षार को मिलाने जैसा है; परिणाम एक अक्रिय पदार्थ है।

जब हम कहते हैं–'मैंने बहुतायत के लिए प्रार्थना की और इतनी मेहनत से आपूर्ति की,' हमारी इस प्रकार की सोच प्रमुख त्रुटि से संबंधित हैं। सफलता का मार्ग बिना किसी *संघर्ष* के सरल और सहज है।' 1910 में 'द न्यू नैन्सी स्कूल' नामक एक आंदोलन द्वारा सुझाई गई नींद की तकनीक द्वारा एक सरल तरीका सामने लाया गया। 'हमें ध्यान रखना चाहिए कि ध्यान के स्थिरीकरण को, अगर इसका उचित

प्रभाव उत्पन्न करना है, तो इसे अवश्य पूरा किया जाना चाहिए। तनाव की भावना के साथ नहीं किया जाना चाहिए; हमें इसे कम-से-कम स्वैच्छिक प्रयास के साथ करने में सक्षम होना चाहिए।' स्थिति उस अनुभव के अनुरूप है जिसमें लोग अक्सर सुबह में पहली बार जागते हैं; वे खुद से कहते हैं कि अगर वे पसंद करते हैं तो वे उठ सकते हैं, लेकिन लगभग कंबल ओढ़े सोए रहेंगे। बॉडविन और पॉल की पुस्तक में यह समझाया गया है—"इसे प्राप्त करने का एक बहुत ही सरल तरीका।" (अवचेतन का अंतर्वेशन) "यह उस विचार को संक्षेपित करना है, जो सुझाव का उद्देश्य है, उस विचार को संक्षिप्त करना है जो आसानी से स्मृति पर अंकित हो सकता है और इसे बार-बार दोहराया जाए।"

ये लेखक बताते हैं कि जब हम नींद की अवस्था में प्रवेश करते हैं या जैसा कि वे इसका वर्णन करते हैं, "सोने के लिए अवस्था," (जागने और सोने की स्थिति के बीच) इस में प्रयास कम-से-कम होता है और हम अपना ध्यान आसानी और तनाव के बिना अपने अच्छे पर केंद्रित कर सकते हैं। हम खुद को नींद का सुझाव देकर नींद की स्थिति को प्रेरित कर सकते हैं।

आइए हम उपरोक्त शिक्षण का व्यावहारिक अनुप्रयोग देते हैं। मेरी कक्षा की एक महिला ने पिछले साल कहा था—"बिल का ढेर लगता जा रहा है, मेरे पास काम नहीं है; मेरे तीन बच्चे हैं और मेरे पास पैसे नहीं हैं, मैं क्या करूं?" यह वही है जो उसने किया था—उसने अपने शरीर को आरामकुर्सी पर आराम दिया; नींद की स्थिति में प्रवेश किया और जैसा कि कुई ने सुझाव दिया, उसने अपनी जरूरतों के विचारों को तीन शब्दों में संघनित किया, 'यह तो होना ही है।' उसके लिए इन शब्दों के महत्त्व का अर्थ था उसकी सभी इच्छाओं की प्राप्ति, जैसे—सभी बिलों का भुगतान, एक नई स्थिति, एक घर, एक पति, बच्चों के लिए भोजन और कपड़े और पैसे की पर्याप्त आपूर्ति।

वाक्यांश में स्वीकृत प्रार्थना के तर्क पर ध्यान दें, 'यह तो होना ही है', जिसे उस प्रसिद्ध न्यू नैंसी स्कूल द्वारा सुझाई गई लोरी की तरह

बार-बार दोहराया गया था। हर बार वह चुपचाप उच्चारण करती, 'यह तो होना ही है,' उस पर शांति की भावना आती गई, जब तक कि वह उस बिंदु तक नहीं पहुंची कि यह समाप्त हो गया, तब तक वह बोलती रही। उसका मन भटका हुआ नहीं था, क्योंकि वह एक केंद्रीय विचार पर केंद्रित और स्थिर था; उसने इसे बार-बार दोहराया, जब तक कि उसने वास्तविकता की भावना को महसूस नहीं किया।

जब हम एक साधारण वाक्यांश पर अपना ध्यान केंद्रित करते हैं तो यह विचारों और विचारों के सहयोगी संजाल के माध्यम से मन को भटकने से रोकता है। यदि मन भटकता है तो इसे वापस लाएं और इस संक्षिप्त वाक्यांश को दोहराते रहें, जो आपके सभी सपनों को *साकार* करता है। ईश्वर के तरीके वास्तव में अतीत का पता लगा रहे हैं, यदि मैं एक फव्वारे के पास जाता हूं और मेरे पास कोई बाल्टी नहीं है तो मुझे पानी नहीं मिल सकता है; इसी तरह जब मैं अपने अंदर जीवित जल के फव्वारे के पास जाता हूं तो मेरे पास एक बाल्टी होनी चाहिए, जो कि एक निष्क्रिय, ग्रहणशील, हर्षित अवस्था में होने पर मन का ग्रहणशील दृष्टिकोण है, जिसमें धन्यवाद का एक विचार या भावना हावी है।

आइए एक ऐसे व्यक्ति का उदाहरण देखते हैं, जिसे अपनी संपत्ति बेचने में कठिनाई हो रही थी, वह बहुत गरीब था। उसने कुर्सी पर बैठकर अपनी आंखें बंद कर लीं और नींद महसूस करके अपना ध्यान आकर्षित किया। जैसे-जैसे वह शिथिल होता गया, उसने उस नीरस होकर नींद की अवस्था में प्रवेश किया, जैसा कि हमने सुझाया है; यह परिणाम का पक्षधर है, क्योंकि प्रयास कम हो गया है। *प्रार्थना सहज प्रयास होनी चाहिए।* उन्होंने बस इतना कहा 'धन्यवाद'; उसने इसे दोहराया, जैसे कि वह उसके लिए बिक्री को पूरा करने के लिए सर्वोच्च को संबोधित कर रहा था। वह अपनी आंखें बंद किए हुए एक मिनट भी नहीं सोया, वह सतर्क था, जीवित था और वह अपेक्षावादी रवैये के साथ मौन हो गया; क्योकि वह जानता था कि वह अपनी इच्छा प्राप्त करने जा रहा है।

उसने चुपचाप दोहराया, 'धन्यवाद,' और ऐसा कई बार किया, वह भी एक लोरी की तरह; वह इन शब्दों को तब तक बोलता रहा, जब तक उसे यह महसूस नहीं हुआ कि सब कुछ पूरा हो चुका है। इससे हमें मन में कृतज्ञता और मसीह जैसा रवैया याद आता है। यीशु के शब्दों में–'पिता, मैं आपको धन्यवाद देता हूं कि आपने मुझे सुना है और *मुझे पता था कि आप मुझे हमेशा याद करते हैं* (जॉन, 11:41–42)। वह सो गया; फिर एक सपने (चौथी आयामी दुनिया) में उसने एक आदमी को देखा जिसने उसे एक चेक दिया और उसने उस आदमी से कहा–'धन्यवाद, पिता'; फिर वह जाग गया; वह जानता था कि संपत्ति बेच दी गई थी। एक हफ्ते में उस आदमी को जिसे उसने सपने में देखा था, उसके पास आया और उसकी संपत्ति खरीदी, जिसमें चौदह लॉट, एक कुआं और एक घर शामिल था।

इस चौथे आयामी अनुभव का कारण यह था कि वह शब्दों को दोहराना जारी रखता था, 'धन्यवाद,' जब तक वह नींद की गहराई में नहीं चला गया। अगले आयाम में–जहां हम हर रात सोते हैं–हम वांछित लेन-देन को देखते हैं, उसने एक ठोस, वस्तुनिष्ठ तथ्य के रूप में देखा। चौथे आयाम में *अभी* या *वर्तमान यहां* तीसरे आयाम के बराबर है। इस चतुर्थ आयाम को देखने के बाद, हमें भविष्य में तीसरे आयामी तल में इसका अनुभव करना चाहिए।

सुबह-शाम यह निश्चय कर लें कि ईश्वर आपके मन, शरीर और मामलों को समृद्ध कर रहा है; इसकी वास्तविकता को महसूस करें और फिर आप को कभी किसी चीज की इच्छा नहीं रहेगी। जैसे-जैसे आप नींद के लिए तैयार होते हैं, वैसे-वैसे लोरी की तरह, 'धन्यवाद पिता जी' दोहराएं; इसका मतलब है कि आप प्रचुरता, स्वास्थ्य और सद्भाव के लिए अपने उच्च स्व का शुक्रिया अदा कर रहे हैं। वास्तव में ईश्वर आपको एक दृष्टि में खुद से अवगत कराएगा और वह आपसे सपने में बात करेगा।

यदि आप विवाहित हैं तो बहुतायत के कानून से सहमत होने का यह अद्भुत अवसर प्राप्त करें; यह ईश्वर की भलाई, सच्चाई और

सुंदरता की सर्वव्यापी, आपूर्ति है। पति-पत्नी सहमत होकर अपने आदर्शों और उद्देश्यों को एकजुट करने के लिए प्रदर्शनों में बहुतायत से जुटे हैं।

जीवन के सभी क्षेत्रों में कई महान लोग अपने जीवनसाथी से प्रेरित रहे हैं। विवाहित लोग एक-दूसरे को देख सकते हैं, जैसा कि उन्हें करना चाहिए। सही भावना और आंतरिक ज्ञान हार को सफलता और गरीबी को बहुतायत में बदल सकता है। एक साथ वे ईश्वर को प्राप्त करने वाले बहुतायत के प्रदर्शन के लिए प्रेरणा-शक्ति और शक्तिशाली मकसद बन जाते हैं। यह जागरूकता कि मैं और पिता एक हैं, चेतना की स्थिति है। किसी भी बात पर सहमत या स्पर्श करने वाले दोनों पति-पत्नी हो सकते हैं। *यदि ईश्वर हमारे लिए है तो हमारे खिलाफ कौन होगा? ईश्वर के साथ बहुमत है। ईश्वर के लिए सभी चीजें संभव हैं।*

सारांश

प्रचुर मात्रा में जीवन विकसित करने के लिए पहले भजन के शब्दों के अर्थ और पदार्थ पर ध्यान दें– *धन्य वह आदमी है, जो न तो अधर्मी की सलाह पर चलता है, न पापियों के मार्ग में खड़ा होता है और न ही अपमान करने वाले की जगह पर बैठता है।*

परंतु उसका आनंद यहोवा के नियम में है; और उसके नियम में वह दिन-रात ध्यान करता है।

और वह पानी की नदियों द्वारा लगाए गए एक पेड़ की तरह होगा, जो अपने मौसम में उसके फल लाता है; उसका पत्ता भी नहीं मुरझाएगा और जो कुछ करेगा, वह समृद्ध होगा।

अधर्मी ऐसे नहीं हैं: लेकिन उस झोंके की तरह हैं, जो हवा को दूर भगाता है।

इसलिए अधर्मी फैसले की राह में नहीं खड़े होंगे, न ही पापी धर्मियों की मंडली में;

क्योंकि प्रभु धर्मी के मार्ग को जानता है—परंतु अधर्मी के मार्ग का नाश होगा।

इतिहास तथा पुरातत्व विभाग द्वारा प्रकाशित पुस्तकें इस प्रकार है।

पुस्तक 3

सफलता के तीन चरण

अपनी इच्छा को साकार करें

सफल होने के लिए, हमें मसीह नाम के वस्त्र को धारण करना चाहिए। पॉल हमें बताते हैं कि परिधान को कैसे पहनना है। आइए, हम अपने हृदय और अपने आंतरिक भागों, *प्रेम, आनंद, शांति, दीर्घायु, सौम्यता, भलाई, विश्वास, नम्रता और संयम लिखें–इनके खिलाफ कोई कानून नहीं है।*

जब हम इन गुणों को अपने दिमाग में रखते हैं और उनके साथ रहते हैं तो हम शाश्वत सत्य या जीवन में वास्तविक मूल्यों की खोज करते है। यह ईश्वर की शक्तियां, गुण और विशेषताएं हैं, जो मानव रूप में व्यक्त हो रही हैं।

इससे कोई फर्क नहीं पड़ता है कि आप कौन हैं या क्या हैं, जब तक कि आप एक प्रवाह या माध्यम नहीं हैं जिसके माध्यम से ईश्वर की ये शाश्वत धुनें बजाई जाती हैं, आप 'पीतल की झनझनाहट और आवाज' की तरह हैं। बाइबल के अनुसार–*जैसा एक आदमी अपने दिल में सोचता है, वैसा ही वह होता है।* यह हमारा व्यक्तिपरक विश्वास और भावना है, जो हमारे उद्देश्यपूर्ण जीवन को नियंत्रित करते हैं। अंदर की छवियां बिना पर्दे के परिलक्षित होती हैं। यदि यह संभव था, उदाहरण के लिए, हमारे अवचेतन विश्वासों या छापों की तस्वीर लेने के लिए, वे हमारी दुनिया में प्रतिबिंबों के साथ बिल्कुल मेल खाते हैं।

हमारे अनुभव, घटनाएं, स्थितियां और परिस्थितियां आपके अंदर, लोगों, चीजों और दुनिया में सामान्य रूप से आपके आंतरिक विश्वास को दर्शाती हैं।

यीशु ने कहा–मैं आया हूं तो उनके पास जीवन हो सकता है और यह उनके पास प्रचुरता से हो सकता है (जॉन, 10:10)। सच्चाई

की समझ हमें अपनी दैवी विरासत की शिक्षा देती है और हमें गरीबी, बीमारी, बुढ़ापे, मृत्यु आदि में विश्वास से मुक्त करती है। हम यहां प्रचुर जीवन जीने के लिए और जीवन के आनंद को व्यक्त करने के लिए हैं। यहां पर, *आपने कुछ नहीं मांगा है, अब पूछें कि आपका आनंद पूर्ण हो सकता है। तेरी उपस्थिति में आनंद की परिपूर्णता है। उसके अंदर बिल्कुल भी अंधेरा नहीं है।*

सफलता का मतलब सफल जीवन है। इस शांति, आनंद और खुशी की लंबी अवधि को सफलता कहा जा सकता है। इन गुणों का शाश्वत अनुभव यीशु द्वारा बोला गया चिरस्थायी जीवन है।

वहां जीवन की सभी चीजें सुख, शांति, सौहार्द, अखंडता, सुरक्षा और खुशी अमूर्त हैं। ये सब चीजें हमारे अंतर्मन से आती हैं। इन गुणों पर ध्यान देने से हमारे अवचेतन में स्वर्ग के इन खजानों का निर्माण होता है; यह वह जगह है, जहां 'पतंगे और जंग का उपभोग नहीं किया जाता है और जहां चोर चोरी करके नहीं जाते हैं।'

आइए हम सफलता की ओर अग्रसर तीन चरणों की चर्चा करें–

सफलता के पहले चरण में–उस चीज का पता लगाएं जिसे आप करना पसंद करते हैं; तो यह सफलता हासिल करने की शक्ति अपने काम से प्यार में निहित है।

उदाहरण के लिए, यदि आप एक मनोचिकित्सक हैं तो आपके लिए डिप्लोमा प्राप्त करना और उसे दीवार पर टांग देना पर्याप्त नहीं है; आपको समय के साथ बने रहना चाहिए; सम्मेलनों में भाग लेना चाहिए; मन के बारे में जानना चाहिए और यह कि यह कैसे काम करता है। एक सफल मनोचिकित्सक के रूप में आप क्लीनिक जाते हैं और नवीनतम वैज्ञानिक लेख पढ़ते हैं। दूसरे शब्दों में, आपको मानवीय पीड़ा को कम करने के सबसे उन्नत तरीकों से अवगत कराया जाता है। सफल मनोचिकित्सकों या डॉक्टरों को अपने रोगियों के दिल में दिलचस्पी होनी चाहिए।

कोई कह सकता है–"मैं पहला कदम कैसे रख सकता हूं? मुझे नहीं पता मैं क्या करूं।"

ऐसे में मार्गदर्शन मांगिए। अपने अंदर की अनंत बुद्धि से यह सरल प्रश्न करे–'पिता, मेरी छुपी हुई प्रतिभाओं को प्रकट करें और जीवन में मेरा मार्गदर्शन करें।' ऐसा चुपचाप, सकारात्मक रूप से और प्यार से अपने अंतर्मन से कहें। जैसा कि आप ऐसा विश्वास और आस्था के साथ कहते हैं, तो आपको जवाब भावना या एक निश्चित दिशा में एक प्रवृत्ति के रूप में प्राप्त होगा। यह स्पष्ट रूप से प्राप्त होगा। अनायास रास्ता पूछिए और आपको जवाब प्राप्त होगा। ईश्वर शांति से बोलता है–किसी भ्रम में नहीं।

सफलता के दूसरे चरण में–*किसी विशेष शाखा में विशेषज्ञता प्राप्त करें और किसी और की तुलना में इसके बारे में अधिक जानें।* उदाहरण के लिए, यदि आप रसायन विज्ञान को अपने पेशे के रूप में चुनते हैं तो इस क्षेत्र में कई शाखाएं हैं। आप अपना सारा समय और ध्यान अपनी चुनी हुई विशेषता पर लगाएं। आपको पर्याप्त उत्साही बनना चाहिए और इस क्षेत्र के बारे में उपलब्ध अधिकाधिक जानने की कोशिश करनी चाहिए। यदि संभव हो तो आपको किसी और से अधिक जानना चाहिए। आपको इस काम में दिलचस्पी लेनी चाहिए और दुनिया की सेवा करने की इच्छा रखनी चाहिए। उस व्यक्ति की तुलना में मन के इस दृष्टिकोण में बड़ी विपरीतता है, जो केवल एक जीवन-यापन का माध्यम बनना या 'बस बच निकलना' चाहता है। 'बच निकलना' सच्ची सफलता नहीं है। आपका मकसद अधिक-से-अधिक, परोपकारी होना चाहिए; आप दूसरे की सेवा करना चाहते हैं,

तीसरा चरण सबसे महत्वपूर्ण है। *आप सुनिश्चित करें कि आप जो करना चाहते हैं, वह केवल आपकी सफलता के लिए नहीं है।* आपकी इच्छा स्वार्थी नहीं होनी चाहिए; इससे मानवता को लाभ होना चाहिए। पूर्ण परिपथ का गठन किया जाना चाहिए। दूसरे शब्दों में, आपका विचार दुनिया को आशीर्वाद देने या उनकी सेवा करने के उद्देश्य से आगे बढ़ना चाहिए। यह लौटकर फिर आपके पास आएगा, मथकर और अधिक स्पष्ट रूप से आपके पास आएगा। यदि इससे आपको विशेष रूप से लाभान्वित होना है तो चक्र या पूर्ण परिपथ नहीं बन पाएगा।

कुछ लोग कह सकते हैं–'लेकिन, मि. जेम्स ने धोखे से तेल का स्टॉक बेचकर धन कमा लिया।' थोड़ी देर के लिए किसी को यह सफल होने का तरीका लग सकता है, लेकिन धोखाधड़ी से प्राप्त धन आमतौर पर पंख लगाकर उड़ जाता है। दूसरे को जो चोट हम देते हैं, वह हम खुद को देते हैं। दूसरा आप स्वयं हैं। *अपने पड़ोसी से प्रेम करो।* आपका पड़ोसी आप खुद हैं।

जब हम दूसरे से लूटते हैं, तब हम अपने आप से लूटते हैं, क्योंकि हम अभाव और सीमा की मनस्थिति में हैं, जो हमारे शरीर, गृह-जीवन और कार्यों में खुद को प्रकट करता है।

भले ही व्यक्ति ने धोखे से एक भाग्य संचित किया हो, भले ही वह सफल हो; लेकिन मन की शांति के बिना कोई सफलता नहीं है। क्या यह सही है कि किसी ने धन संचित किया हो, लेकिन अगर वह रातों की नींद नहीं ले सकता है, तब वह बीमार है या यह एक अपराधबोध से ग्रस्त है।

मैं लंदन में एक आदमी को जानता था, जिसने मुझे अपने कारनामों के बारे में बताया था। वह एक पेशेवर जेबकतरा था और उसने बड़ी मात्रा में धन अर्जित किया था। फ्रांस में उसका एक ग्रीष्मकालीन घर था और इंग्लैंड में वह शाही अंदाज में रहता था। उसकी कहानी यह थी कि वह स्कॉटलैंड यार्ड द्वारा गिरफ्तार किए जाने से भयभीत था; उसे कई आंतरिक विकार थे, जो निस्संदेह उसके निरंतर भय और गहरे बैठे अपराध की वजह से थे। उसे पता था कि उसने गलत किया है; अपराध की इस गहरी भावना ने उसे हर तरह की परेशानी से घेर लिया। उसने जेल की सजा काट ली; इसके बाद वह पूरी तरह से सुधर गया। वह काम करने के लिए चला गया; वह एक ईमानदार और कानून का पालन करने वाला नागरिक बन गया। उसने पाया कि उसे क्या करना पसंद था; अब वह खुश था।

सफल लोग अपने काम से प्यार करते हैं और खुद को पूरी तरह से व्यक्त करते हैं। सफलता केवल धन के संचय से अधिक आदर्श है। सफल लोग वे हैं, जो महान आध्यात्मिक समझ रखते हैं। आज कई महान उद्योगपति विशेष रूप से इस शक्ति पर निर्भर हैं।

हमें बताया गया है (मैथ्यू, 18-12)—अगर एक आदमी के पास सौ भेड़ें हों और उनमें से कोई एक भटक जाए तो वह निन्याबे को न छोड़े और पहाड़ों में चला जाए और जो रास्ता भटक गया है, उसे खोजे? जो खोया है, वह ईश्वर है या मैं हूं।

सुन, हे इस्त्राइल, तेरा परमेश्वर यहोवा एक ही है।

ईश्वर मानव जाति के लिए खो गया है, क्योंकि अनगिनत युगों तक हमने माना है कि ईश्वर हमसे अलग है। हमने अपनी छवि और समानता में एक ईश्वर बनाया है, उसे हमने एक अतृप्त, अत्याचारी व्यक्ति के रूप में, आकाश में रहने वाला बनाया है, जो हमें हमारे सभी अपराधों के लिए दंडित करता है। हमने माना है कि ईश्वर से डरना है। हमने प्रतिशोध के ईश्वर का चित्रण किया है, न कि प्रेम के देवता का। हर समय ईश्वर हमारा अपना जीवन था, हमारे अपने होने की जागरूकता था।

हमारी चेतना और मैं ही ईश्वर हूँ

बाइबल में ईश्वर का नाम 'मैं ही हूँ' उल्लिखित है, जिसका अर्थ है अस्तित्व, जीवन और अस्तित्व का होना। इस आंतरिक उपस्थिति से ही विचार और भावना के साथ संपर्क किया जाता है।

यह हमारे लिए है कि हम इसे क्या मानते हैं। 'आपने किससे कहा कि मैं हूं?' क्या आप कहने वाले हैं, 'मैं गरीब हूं, कमजोर हूं, दुखी हूं, असफल हूं आदि?' यदि आप ऐसा करते हैं तो आप व्यर्थ में ईश्वर का नाम पुकार रहे हैं। आप निंदा कर रहे हैं। यदि आप कहते हैं, 'मैं बीमार हूं,' आप वास्तव में कह रहे हैं कि ईश्वर ठीक नहीं लग रहा है, जो कि बेतुकी बात है। आपको यह कहना चाहिए, 'मैं मजबूत, शक्तिशाली, प्यार, सामंजस्यपूर्ण, दयालु, सौम्य, शांतिपूर्ण और कम-से-कम रोशनी में हूं।'...

आप वाक्य को कैसे पूरा करते हैं, 'मैं हूं...' निर्धारित करता है कि क्या आप सफल, मजबूत, समृद्ध हैं या क्या आप कमजोर, पराजित और दुख से भरे हैं। आपके प्रति दूसरों की प्रतिक्रियाएं भी इस बात से निर्धारित होती हैं कि आप खुद को किस तरह से देखते हैं।

एक तेल व्यापारी हेनरी फ्लैगलर के बारे में कुछ साल पहले एक लेख प्रकाशित हुआ था। उन्होंने स्वीकार किया कि उनकी सफलता का श्रेय पूर्णता में एक परियोजना को देखने की उनकी क्षमता है। अपने कार्यों के लिए उन्होंने अपनी आंखें बंद कर लीं; एक बड़े तेल उद्योग की कल्पना की; पटरियों पर दौड़ती ट्रेनें देखीं; फुसफुसाहट को महसूस किया और धुआं देखा। अपनी प्रार्थना के अंत को देखने और महसूस करने के बाद, वह अंत की प्राप्ति के साधनों की बात करता है। यदि हम स्पष्ट रूप से एक उद्देश्य की कल्पना करते हैं तो हमें आवश्यकता के साथ 'उन तरीकों से प्रदान किया जाएगा जिन्हें हम जानते तक नहीं हैं।'

हमें अपने पूर्व निर्धारित विचारों, धारणाओं, सिद्धांतों, विश्वासों और अन्य को त्यागने के लिए तैयार रहना चाहिए, क्योंकि हमने अब एक सत्य पा लिया है। ईश्वर को अपने अंदर पाकर और उसके साथ एकजुट होकर सभी चीजें हमारे साथ जुड़ जाती हैं।

उदाहरण के अनुसार, किसी व्यक्ति के पास धन, सुरक्षा, एक अद्भुत सामाजिक स्थिति हो सकती है और बहुत सारी संपत्ति होगी, जिससे वह कुछ भी खरीद सकता है। हम जानते हैं कि पैसा एक नौकर है, मालिक नहीं; लेकिन स्वास्थ्य या मन की शांति की कमी हो सकती है। ये बिक्री के लिए नहीं हैं। उस व्यक्ति को 'पहाड़ पर चढ़ना' चाहिए; इस पर शांति और आनंद पाए। पर्वत ऊंचा या 'ऊपर उठा हुआ' राज्य है। हम इसकी वास्तविकता को महसूस करके अपनी इच्छा या आदर्श को स्वीकृति के बिंदु तक उठाते हैं। दूसरे शब्दों में, हम उस प्रार्थना पर खुशी मनाते हैं, जो उत्तर की प्रार्थना में आनंद में प्रवेश करके खो गई थी।

सन् 1910 में न्यू नैंसी स्कूल के चार्ल्स बॉडाविन ने आपकी इच्छा को साकार करने का एक अनूठा तरीका बताया। उन्होंने कहा–'इसे

सुरक्षित करने का एक बहुत ही सरल तरीका यह है कि विचार को संक्षेपित किया जाए, जो कि सुझाव का उद्देश्य है, इसे एक संक्षिप्त वाक्यांश में समेटना है, जो आसानी से स्मृति पर अंकित हो सके और फिर से एक लोरी की तरह इसे दोहरा सके।' इस तकनीक को न्यू नैंसी स्कूल की नियंत्रित श्रद्धा के रूप में जाना जाता है।

पूरे शरीर को आराम दें; एक नींद की स्थिति में जाएं; नींद में खो जाएं; सफलता पर ध्यान केंद्रित करें; तब तक लोरी की तरह बार-बार सफलता शब्द को दोहराएं, जब तक कि आप एक महान सफलता की भावना में प्रवेश न कर लें। जैसा कि आप भावना और प्यार से दोहराते हैं, तब आप सफलता की मन:स्थिति को प्रेरित करते हैं; आपका मन रचनात्मक है; तब आप सफल महसूस करने के लिए नींद छोड़ देते हैं। सफलता का यह विचार आपके अवचेतन मन पर आ जाता है; यह आपको विचार, गुण, मित्र, धन और शक्ति प्रदान करता है, जो आपकी ओर से कार्य करेगा। अवचेतन मन आपके आंतरिक स्वभाव के साथ सामंजस्य स्थापित करने के लिए परिस्थितियों और स्थितियों का निर्माण करेगा।

सफलता के तीन चरणों पर विचार करने में हमें मानव आत्मा की रचनात्मक शक्तियों की अंतर्निहित शक्ति को कभी नहीं भूलना चाहिए। सफलता की किसी भी योजना के सभी चरणों के पीछे यही ऊर्जा है।

हमारा विचार रचनात्मक है। सोच के साथ जुड़कर यह एक विश्वास बन जाता है और *हमारे विश्वास के अनुसार यह सब हमारे लिए किया जाता है।*

आपके अंदर एक शक्तिशाली शक्ति का ज्ञान, आपकी सभी इच्छाओं को पारित करने में सक्षम है। यह आपको आत्मविश्वास और शांति की भावना देता है। आपका कार्यक्षेत्र कुछ भी हो, आपको जीवन के नियमों से परिचित होना चाहिए। 'अपने आपको जानिए' और आत्मा के तरीके को भी। जब आप जानते हैं कि जीवन के नियमों और आत्मा के तरीके को कैसे लागू किया जाए तो आप अपने आपको और

दूसरों को एक सेवा दे रहे होते हैं और आप सच्ची सफलता के लिए सुनिश्चित मार्ग पर अग्रसर हो रहे होते हैं। यदि आप ईश्वर या उसके किसी भी भाग के कार्य के लिए कार्यरत हैं तो आपके खिलाफ कौन हो सकता है? इस समझ के साथ रहें कि स्वर्ग या पृथ्वी में कोई शक्ति नहीं है, जो हमें सफलता से रोक सके।

इच्छा ईश्वर का उपहार है। यह आपके माध्यम से जीवन को व्यक्त करने के लिए है, क्योंकि आप एक प्रवाह हैं। आप यहां ईश्वर को विचार, वचन और कर्म में व्यक्त करने के लिए हैं। आपकी मूल इच्छा जीवन, प्यार, सच्चाई और सुंदरता को व्यक्त करना है। यह सच होना चाहिए, क्योंकि ईश्वर तुम्हारा जीवन है और ईश्वर की इच्छा जीवन की प्रवृत्ति को व्यक्त करना है, क्योंकि खुद ईश्वर जीवन के साथ है। असीम (ईश्वर) स्वयं को किसी भी सीमा में व्यक्त करने की इच्छा नहीं करता है; इसलिए किसी के लिए मृत्यु, दुख या पीड़ा ईश्वर की इच्छा नहीं है।

जीवन मृत्यु को व्यक्त करने के लिए नहीं है; यह बड़ी बेतुकी बात होगी। जीवन अपने आपमें पूर्णता, एकता और अखंडता है। जीवन सदैव ब्रह्मांड में सामंजस्य, स्वास्थ्य, शांति, व्यवस्था, समरूपता और अनुपात के रूप में अभिव्यक्त होता है। संपूर्ण ब्रह्मांड सद्भाव का एक आधार है, जो इस महान सत्य 'सुव्यवस्था स्वर्ग का पहला नियम है' को दर्शाता है।

आप कह सकते हैं, 'शायद मेरी इच्छा मेरे लिए ईश्वर की इच्छा नहीं है।' यदि आपकी इच्छा, विचार या इरादा जीवन के अधिक-से-अधिक माप को व्यक्त करना है और यदि यह अच्छाई के सार्वभौमिक नियम के अनुरूप है, जो एकता, आदेश और समरूपता है तो यह आपके लिए ईश्वर की इच्छा है। असीम शक्ति किसी भी प्रकार के बंधन या प्रतिबंध की इच्छा नहीं करती है। मौलिक रूप से मानव जाति अच्छी है, क्योंकि ईश्वर हम सभी में बसते हैं। हम जो बुराई करते हैं, वह हमारी मानसिक दुर्बलताओं और व्यक्तिपरक भय और जटिलताओं के कारण होती है।

इच्छा के बिना आप एक आने वाली कार के रास्ते से नहीं हटेंगे। यह इच्छा के कारण है कि किसान अनाज, मकई और सभी प्रकार के बीज बोते हैं–यह इच्छा खुद को, अपने परिवार और अन्य लोगों को खिलाने की है। आगे बढ़ने और संतान की इच्छा से आप एक साथी की तलाश कर सकते हैं और अपनी तरह का उत्पादन कर सकते हैं; यह अच्छा है और बहुत अच्छा है।

इच्छा वह प्रेरक है, जो हमें आगे, ऊपर और ईश्वर की ओर धकेलती है। हमारे पिताओं और माताओं की प्रबल इच्छा ने अमेरिका को आज विश्व का सबसे बड़ा औद्योगिक राष्ट्र बना दिया है। उदाहरण के लिए, हेनरी फोर्ड ने एक ऑटोमोबाइल का निर्माण करना चाहा; तब उन्हें पहले से अधिक एक और इच्छा थी, जिसे पूरी दुनिया को पहियों पर रखना था। इससे पूरी दुनिया में लाखों लोगों को रोजगार मिला।

थॉमस एडिसन दुनिया को रोशन करना चाहते थे और हम उनके आविष्कारों को जानते हैं। इच्छा के बिना मानव जाति का अस्तित्व ही नहीं है।

एक महिला ने मुझसे एक बार कहा–"मैं किसी भी चीज की इच्छा नहीं करती। मेरे पास सब कुछ है। हमें चीजों की इच्छा नहीं करनी चाहिए।" यह बेकार बात है। उसे स्वीकार करना पड़ा कि वह सुबह में एक कप कॉफी चाहती थी। हम इच्छा से जीते हैं।

लॉस एंजिल्स को पार्कों, खेल के मैदानों, सुंदर घरों, दुकानों आदि के साथ एक सुंदर शहर बनाने की इच्छा रखने वाले नागरिकों ने अपने सपने को पूरा किया।

हजारों साल पहले किसी ने मौसम की असंगति से निपटने की इच्छा की थी और पत्थर या पेड़ों का पहला घर बनाया था। इनमें से सभी चीजें इच्छा से शुरू हुईं। इच्छा को अक्सर फव्वारे और सभी कार्रवाई के मूल के रूप में जाना जाता है।

आप अपनी मां से बात करते हैं, यह उससे बात करने के लिए अपनी इच्छा पर आधारित है कि आप अपने बच्चे को शुभरात्रि चुंबन

करते हैं, यह आपके प्रेम को दिखाती है और यह एक तरह से बच्चे को आशीर्वाद देने की इच्छा है।

इच्छा शुरुआत है और अभिव्यक्ति अंत है। जब आप बीमार होते हैं तो आप स्वास्थ्य की इच्छा करते हैं। जब आप भ्रमित होते हैं तो आप मन की शांति चाहते हैं। गरीबी से त्रस्त व्यक्ति धन की कामना करता है। आपकी इच्छा आपके उद्धारकर्ता की आवाज है। जैसे आप अपनी इच्छा को देखते हैं, आप अपने उद्धारकर्ता की आंखों में देख रहे होते हैं। आपकी इच्छा जब पूर्ण होती है तो आपका उद्धारकर्ता—आपका समाधान या आपका मोक्ष होता है। अपनी इच्छा को महसूस करने में विफलता हताशा, नाखुशी और बीमारी का कारण है। लंबे समय तक कुछ सुबह, दोपहर और रात की इच्छा करना जारी रखना और उसे अभी तक प्राप्त करने में विफलता आपके जीवन में अराजकता और भ्रम की द्योतक है।

आपमें अधिक महान होने की इच्छा तब होती है, जब आप आते हैं और तैयार होते हैं। आपकी इच्छा की स्वीकृति आपको शांति प्रदान करती है। आप जान-बूझकर शांति और समझ में अपनी इच्छा के साथ एकजुट होते हैं, तब आपको इसकी अभिव्यक्ति दिखाई देगी।

इंग्लैंड में एक इंजीनियर ने मुझसे एक बार कहा—"मुझे जो तीन काम दिए गए थे, उन्हें पूरा करने में मैं विफल रहा हूं। मैं बुरी तरह से विफल रहा।" इस आदमी ने असफलता के डर से काम शुरू किया और उसे असफलता की आशंका थी। उसने अपने मानसिक रवैये को पूरी तरह से बदल दिया। उसने स्वीकार किया, "मुझे असफलता पर भरोसा था। तभी से मेरा विश्वास सफलता में हो गया।" यह उसका आदर्श वाक्य बन गया—"मैं कुछ भी विचार धारण कर सकता हूं और विश्वास करके उसे प्राप्त कर सकता हूं।" इस उद्धरण को अपने हृदय में उतारें और इसे अपने अंतर्मन पर लिखें।

हां, आप कुछ भी विचार धारण कर सकते हैं, उसे आप प्राप्त कर सकते हैं। वह इंजीनियर महसूस करने लगा कि उसके अंदर एक सर्वशक्तिमान शक्ति है, जिसे वह प्रयोग कर सकता है; फिर वह काम

को को पूरा करने के लिए; शक्ति और ज्ञान खोजने लगा, जो पहले उसे निराशाजनक लगता था, अब उसे सफलता पर विश्वास था; अब उसे सफलता की उम्मीद थी। विश्वास संक्रामक है, उसके तहत काम करने वाले सभी लोग इसी तरह सफलता के विचार से प्रभावित हो गए।

मैं आपको एक युवा लड़की मैरी के बारे में बताता हूं, जो न्यूयॉर्क शहर में पार्क सेंट्रल होटल में मेरा एक व्याख्यान को सुनने के बाद मुझसे मिलने आई थी। उसने सदियों पुराने प्रश्न को पूछा—"मैं खुद पर विश्वास करना कैसे सीख सकती हूं?"

हम चेतना के सभी स्तरों के साथ काम कर रहे हैं और मैं उसके स्तर पर लड़की से मिला। मैंने एक सरल सवाल का जवाब दिया—"इस समय आपको सबसे ज्यादा क्या चाहिए?"

मुझे पता है कि आप इस पुस्तक को पढ़ते हुए, 'मुझे ईश्वर, सत्य, ज्ञान और समझ का ज्ञान चाहिए।' यही कुछ कहेंगे। जाहिर है, यह सर्वोच्च इच्छा है, लेकिन उसका जवाब था—'एक सिलाई मशीन!'

अगला कदम उसे यह सिखाने का था कि उसे सिलाई मशीन कैसे मिल सकती है। मैंने समझाया कि मशीन ईश्वर के दिमाग में एक विचार है।

यह वही है, जो उसने किया था: वह एक शाम अपने सोफे पर बैठ गई, शांत और संयत हो गई, फिर उसने अपने मन को शांत किया और सामने एक सिलाई मशीन की कल्पना की। उसने अपने काल्पनिक हाथों से मशीन की वास्तविकता और कठोरता महसूस की; अपनी कल्पना में वह इसका उपयोग कर रही थी। फिर वह पिता का धन्यवाद करके सोने चली गई।

उसकी प्रार्थना की अगली कड़ी दिलचस्प है। उसी अपार्टमेंट में रहने वाली एक महिला ने मैरी के दरवाजे पर दस्तक दी और उससे पूछा कि क्या वह सिलाई मशीन का उपयोग कर सकती है; वह मशीन इसे देने जा रही थी, क्योंकि वह हनीमून पर फ्लोरिडा जा रही थी। मैरी ने मशीन को स्वीकार किया!

मैरी ने कहा–"यह चीज तो काम करती है!" उसने इसे खुद साबित कर दिया था। अब वह दीवार के लिए चित्रपट का एक टुकड़ा चाहती थी; वह भी उसकी प्रार्थना के परिणामस्वरूप आया था। 'उसी तरह मैं एक महान नर्तकी भी बन सकती हूं,' मैरी ने कहा। हम जानते हैं कि किसी चीज को ग्रहण करने के लिए हमें अपनी चेतना में ग्रहण की गई प्रकृति और चरित्र का निर्माण करना चाहिए। हम इसे अपनी भावना में बांधते हैं। मैरी की चेतना ने इनकार किया कि वह महान नर्तकी थी; हालांकि वह जानती थी कि नियम का उपयोग कैसे करना है, जिससे उसे विश्वास और आस्था मिले। नियम की उसकी समझ ने उसे अपनी इच्छाओं को प्रदर्शित करने में सक्षम बनाया। यह अब अज्ञानता से पैदा हुआ अंधविश्वास नहीं था, बल्कि ईश्वरीय समझ से पैदा हुआ विश्वास था। वह जानती थी कि किसी भी विचार को सत्य के रूप में कैसे महसूस किया जाता है और अवचेतन मन उसे अपने तरीके से कैसे पारित करता है। उसे यह भी पता था कि यह कानून नकारात्मक विचारों के साथ-साथ सकारात्मक विचारों का जवाब देता है। उसने सीखा कि अवचेतन मन एक दर्पण की तरह था; इससे पहले कि वह जो भी छवि या विचार रखेगी, वह प्रतिबिंबित होगी।

हम जानते हैं कि नकारात्मक विचारों से किसी को चोट नहीं पहुंचेगी, जब तक कि वे भय के विचार शक्तिशाली हुए न हों; न तो अच्छे विचार और न ही सोच अच्छा करेंगे, सिवा इसके कि हम उन्हें अपने दिल में सही-सही महसूस करें।

मैरी ने यह जानकर कि वह एक महान नर्तकी है, पृथ्वी पर चली गई; इस प्रकार उसने अपने चारों ओर एक मानसिक वातावरण बनाया, जो उसके सभी गुणों और विशेषताओं को आकर्षित करता था, जो उसके सपनों को पूरा करने के लिए आवश्यक था। पैसा, दोस्त, शिक्षक, परिचय और अन्य सभी चीजें, जो उसके विकास और प्रगति के लिए आवश्यक थीं, को आकर्षित किया गया। कुछ समय में वह एक नृत्य अकादमी में कार्यरत थी और शिक्षकों की शिक्षक बन गई।

जो भी आप ग्रहण करते हैं और अपनी भावना में निर्मित करते हैं, वह आपके अंदर विषय बन जाएगा और अंतरिक्ष की स्क्रीन पर वस्तु बन जाएगा। आपको इस धारणा को बनाए रखना होगा; तब अनायास ही आपको इसकी अभिव्यक्ति दिखाई देगी। *विश्वास उन चीजों का पदार्थ है जिनकी आशा की जाती है और चीजों के प्रमाण नहीं देखे जाते हैं।*

आपके द्वारा शब्दों में प्रकट विश्वास और दृढ़ आस्था आपके पास खाली वापस नहीं आएगा। यह देखी गई चीजों का प्रमाण नहीं है। आप एक अटूट, अटल विश्वास को नहीं देखते हैं, तब यह आपका प्रमाण या भविष्यवाणी है, जिसे पूरा होना है। चेतना की अवस्थाएं हमेशा स्वयं को प्रकट करती हैं।

आप एक सिलाई मशीन या एक पियानो को 'सोचकर बुला सकते हैं, जैसा कि यह था और अब अपने कमरे में वास्तविकता, स्वाभाविकता और इसकी दृढ़ता की कल्पना करें और महसूस करें। आप अपने काल्पनिक हाथ से खुद के अंदर से बाहर आ सकते हैं और इसे बजाना शुरू करते हैं; अपने आपको इस कार्य में व्यस्त रखें। अनदेखा आपको उन तरीकों से दिखाई देगा। क्या यह आपको अद्भुत नहीं लगता है? इसी का नाम अद्भुत है।

यीशु ने जो मुख्य शर्त रखी, वह विश्वास थी। अधिक-से-अधिक विश्वास विकसित करने के लिए हम सभी को तर्कशील, चुनौतीपूर्ण और विश्लेषणात्मक, सचेत दिमाग के सवाल को बंद करने दें और उसका स्थान अवचेतन मन की शक्ति पर निर्भर है।

जब अंधे लोग यीशु के पास आए, तब उसने उनकी आंखों को छूते हुए कहा—*"तुम्हारे विश्वास के अनुसार तुम्हारे साथ यह हो सकता है।"* और उनकी आंखें खुल गईं...बुक ऑफ मैथ्यू के नौवें अध्याय से यह कविता एक इलाज के लिए उत्कृष्ट तकनीक है। बाइबल हमें कई तकनीकें देती है, लेकिन हम इस पर चर्चा करें—*आपके विश्वास के अनुसार यह आपके प्रति है।* यहां हम यीशु को अंधे लोगों के अवचेतन मन के सहयोग की अपील करते हुए देखते हैं। यह चिकित्सा की

एक बहुत पुरानी तकनीक है। अंधे लोग उम्मीद और खुशी की गहरी मन:स्थिति में हैं।

उन पर बड़ी आस्था और विश्वास के साथ आरोप लगाए जाते हैं। यीशु द्वारा कहे गए शब्द उनके द्वारा पूरी तरह से स्वीकार किए जाते हैं और उनका अपना अवचेतन मन उन्हें पूर्ण दृष्टि देता है। *उसने उस आंख को बनाया, क्या वह नहीं देख सकता है?* सभी उपचारों में हमें पूरी तरह से इंद्रिय साक्ष्य से इनकार करना चाहिए; फैसले और दूसरों की राय को खारिज कर दें। हमें महसूस करना चाहिए कि ईश्वर के साथ सभी चीजें संभव हैं और यह सभी चीजें उन लोगों के लिए संभव हैं, जो विश्वास करते हैं। हम अपने अंदर मृत बच्चे को जन्म देने की इच्छा को बढ़ाते हैं। यह महीनों से हमारे अंदर जमे और मुरझाए हुए हो सकते हैं, लेकिन हमारी अपना आत्म या चेतना, पुनरुत्थान करने और दृष्टि को जीवंत बनाने में सक्षम है। जिसके लिए हम आश्वस्त हैं, वह सच में हमारे मन में है।

जैसा कि आप इस पुस्तक को पढ़ते हैं, आप कह सकते हैं–"ठीक है, मुझे एक जीवन की महत्त्वाकांक्षा मिली है, जो भौतिकता में विफल रही है; यह एक मृत बच्चा है। मैं क्या करूं?" विलाप और घृणा को बाहर रखें। दूसरे शब्दों में, संवेदन प्रामाण से दूरी बना लें; अपनी खुद की सीमित अवधारणा को छोड़ दें; महसूस करें कि आप इस सिद्धांत के अनुप्रयोग द्वारा अपने दिल की इच्छा को पूरा कर सकते हैं।

ल्यूक के इस आठवें अध्याय में यह कहा गया है कि यीशु पीटर, जेम्स, जॉन, पिता और मां को मृतक की मां के घर में ले गए। आपका बच्चा या इच्छा मर सकती है, अगर आप इसे महसूस नहीं कर सकते। (अन्य लोग मजाक करते हैं, क्योंकि वे काम को देख या समझ नहीं सकते हैं।) पिता और मां आपकी अपनी *स्व हैं*, जो कि पिता और माता की सहयोगी हैं। पिता का विचार और मां की भावना इसके साथ एक होने से संबंधित है।

अब आप पीटर को बुलाते हैं, जिसका अर्थ है कि एक ईश्वर में पूर्ण विश्वास। जब आप अपने *स्वयं* को मान्यता देते हुए पीटर को बुला

रहे होते हैं तो यह एहसास होता है कि ईश्वर सर्वव्यापी है। आपका विश्वास एक सच्चे परमेश्वर में है और यह विश्वास अटल है; वह पीटर है।

जेम्स का अर्थ है कानून का सही उपयोग। यह दर्शाता है कि आप दिखावे के अनुसार न्याय नहीं करते हैं, लेकिन आप ईश्वरीय समाधान या उत्तर पर विचार करते हैं; तब आप जेम्स के भाई जॉन को फोन करते हैं, जो आपके अंदर प्रेम का गुण है यानी आप इच्छा के साथ प्रेम में पड़ जाते हैं और एक हो जाते हैं।

जॉन प्रार्थना की स्थिति का प्रतिनिधित्व करता है; प्रार्थना हमारी दिव्य बुद्धि को पहचान रही है। इसने आंख बनाई; क्या यह एक और नहीं बना सकता है? हां, ईश्वर-आत्म एक और आंख, पैर, कान विकसित कर सकता है, लेकिन यह एक शर्त पर किया जाता है–आपको विश्वास करना होगा। यदि आप मानते हैं कि ऐसा नहीं किया जा सकता है; तब आपके विश्वास के अनुसार यह आपके लिए किया जाता है? हम गैंडे के उदाहरण का हवाला दे सकते हैं: जब वह अपने सींग खो देता है तो वह नए पैदा करता है। वह यह नहीं जानता कि ऐसा नहीं हो सकता।

जब उनकी आंखें खुलीं तो यीशु ने सीधे तौर पर उनसे कहा–"यह देखिए कि कोई भी इसके बारे में नहीं जानता है।" यह एक और गहरा मनोवैज्ञानिक सत्य है। जब आप एक उपचार प्राप्त करते हैं तो आपको अपने आपको अविश्वासियों की नकारामकता से बचना चाहिए, जो कि किए गए अच्छे को समाप्त कर सकता है। दुनिया कई बार इन बातों का मजाक उड़ाती है और हंसती है। यही कारण है कि कुछ भी नहीं कहने वाले नए उपचारित रोगी से यीशु खुश होते हैं। हम पाते हैं कि कई लोग हमेशा अपने संचालन, पूर्व विफलताओं, दिवालिया होने आदि के बारे में बात करते हैं; यह गलत सोच है। वे एक पैटर्न या चक्र को दोहरा रहे होते हैं।

शराबी, जो ठीक हो गए हैं, उन्हें अपनी पूर्व स्थितियों के बारे में बात करना बंद कर देना चाहिए। यदि वे हमेशा उनके बारे में बात

करेंगे तो वे उनके लिए जितने वास्तविक बनेंगे; वे खुद को फिर से संक्रमित कर बैठेंगे। *पूर्व की बातों को याद न करें, न ही पुरानी बातों पर विचार करें* (इसायाह, 43:18)।

यदि आपकी उंगली ठीक हो रही है या अगर यह पूरी तरह से ठीक हो गई हो तो आपको एक नुकीली कील मिल जाती है और आप फिर से संक्रमित हो जाते हैं? नहीं, आप अपनी उंगली को अकेला छोड़ दें। इसलिए यह अनुभव करें–देखो, कोई भी इसके बारे में नहीं जनता–यह अधिक महत्त्वपूर्ण है।

जब यीशु ने जाइरस के घर के लोगों से कहा–जगह दो–क्योंकि नौकरानी मरी नहीं है, बल्कि सो रही है और वे उन पर हंसे, *लेकिन जब लोगों के सामने वह अंदर गया और उसका हाथ थामा तो नौकरानी उठ गई।* (मैथ्यू, 9:24) इसी तरह आपको अपने दिमाग से सभी घृणा करने वालों और रोने वालों को बाहर निकालना चाहिए; ये उन नकारात्मक विचारों का प्रतिनिधित्व करते हैं, जो आपके दिमाग में बसते हैं। आपको अपने सभी झूठे विश्वासों और विचारों से अपने दिमाग को शुद्ध करना चाहिए, क्योंकि यह सचेत दिमाग है, जो आपके साथ तर्क करता है। जब आप एक निश्चित मनोवैज्ञानिक स्थिति में प्रवेश करने में सफल होते हैं तो एक आंतरिक प्रमाण द्वारा यह जानना कि आपका आदर्श आपके अंदर सन्निहित है, तब आप सकारात्मक रूप से प्रार्थना कर रहे होते हैं। आपकी इच्छा दूर हो जाती है, क्योंकि अब आपको एक एहसास हो गया होता है। आप शांति के घेरे में हैं। थोड़ी देर में आप अपने विचार को जन्म देंगे। आपने आज्ञा दी है, जो आपका दृढ़ विश्वास है।

आपने पाया है कि अपने आदर्श के प्रति वफादार रहकर, यह जानते हुए और विश्वास करते हुए कि सर्वशक्तिमान शक्ति इसे आगे लाएगी, आपका आदर्श अंतरिक्ष पर दिखाई देने लगाता है और आप कहते हैं–'उसे खाने के लिए दें।' अब आप अपना ध्यान प्रदर्शन करते हैं।। तुम प्रत्यक्ष में आनंदित हो; फिर आप धन्यवाद देते हैं; तब आप इसका पोषण करना जारी रखते हैं। तब आप आगे बढ़ते हुए महानता की ओर कदम बढ़ाने लगते हैं।

आप अब अपने गहरे स्व में विश्वास करते हैं। आप इसे पूर्ण मान्यता देते हैं। आपको इसकी शक्ति पर पूर्ण विश्वास हो जाता है। आप समझदारी के सबूतों को खारिज करते हैं और आप अपनी इच्छा की वास्तविकता पर विचार करते हैं। अब आप अपनी इच्छा के साथ प्रेम में होते हैं और आप इसे पसंद करते हैं। आप पाते हैं कि आपका विचार प्रेम से प्रभावित है; यह अजेय है। आप शांति का अनुभव करते हैं। आपने आदेश जारी किया है, 'नौकरानी उठ बैठती है!' यह आपके पास वापस नहीं आएगा।

लेखक-परिचय

डॉ. जोसेफ मर्फी का जन्म 20 मई, 1898 को आयरलैंड के कॉर्क काउंटी के एक छोटे से शहर में हुआ था। उनके पिता डेनिस मर्फी आयरलैंड के नेशनल स्कूल जो जेसुइट द्वारा संचालित था, में एक पादरी और प्रोफेसर थे। उनकी मां एलेन कोनेली एक गृहिणी थीं, जिन्होंने बाद में एक और बेटे, जॉन और एक बेटी, कैथरीन को जन्म दिया।

जोसेफ का पालन-पोषण एक कट्टर कैथोलिक घराने में हुआ था। उनके पिता अत्यंत धर्मपरायण थे और वास्तव में उन कुछ प्रोफेसरों में से एक थे, जिन्होंने जेसुइट सेमिनारियों को पढ़ाया था। उन्हें कई विषयों का व्यापक ज्ञान था और स्वयं उन्होंने अपने बेटे में अध्ययन और सीखने की इच्छा विकसित की।

उस समय आयरलैंड आर्थिक समस्याओं से त्रस्त था और कई परिवार भूख से मर रहे थे। हालांकि डेनिस मर्फी लगातार कार्यरत थे, लेकिन परिवार के भरण-पोषण के लिए उनकी आमदनी कम थी।

जोसेफ का दाखिला नेशनल स्कूल में हुआ था। वह एक मेधावी छात्र थे। उन्हें पुरोहिताई का अध्ययन करने के लिए प्रोत्साहित किया गया और उन्हें जेसुइट वक्ता के रूप में स्वीकार किया गया। हालांकि अपनी किशोरवस्था में उन्होंने जेसुइट के कैथोलिक रूढ़िवादी पर सवाल उठाना शुरू कर दिया और वह विद्यालय से वापस चले गए। चूंकि उनका लक्ष्य नए विचारों का पता लगाना था और नए अनुभवों को हासिल करना था–एक ऐसा लक्ष्य, जिसे वह कैथोलिक बहुल आयरलैंड में नहीं अपना सकते थे–वह अपने परिवार को छोड़कर अमेरिका चले गए।

वह एलिस द्वीप के आव्रजन केंद्र पहुंचे तो उनकी जेब में केवल 5 डॉलर थे। उनका पहला काम रहने के लिए जगह खोजना था। जल्द उन्हें एक कमरे वाला घर मिल गया, जहां उन्होंने एक फार्मासिस्ट के साथ वह कमरा साझा किया, जो स्थानीय दवा की दुकान में काम करता था।

जोसेफ को अंग्रेजी का ज्ञान न्यूनतम था, क्योंकि उनके घर और स्कूल दोनों में गेलिक भाषा में बात की जाती थी, इसलिए ज्यादातर आयरिश प्रवासियों की तरह, जोसेफ ने एक दिहाड़ी मजदूर के रूप में काम किया। जो कुछ उन्होंने कमाया, वह रहने और खाने में समाप्त हो गया।

वह और उनके सहपाठी अच्छे दोस्त बन गए और जब दवा की दुकान पर एक नौकरी निकली, जहां उसके दोस्त ने काम किया, तो उन्हें वहां फार्मासिस्ट के सहायक के काम पर रख लिया गया। उन्होंने फार्मेसी का अध्ययन करने के लिए तुरंत एक स्कूल में दाखिला लिया। अपने उत्सुक मन और सीखने की इच्छा के साथ, जोसेफ योग्यता परीक्षा उत्तीर्ण करते ही एक पूर्ण फार्मासिस्ट बन गए। अब उन्होंने अपने खुद के अपार्टमेंट को किराए पर देने के लिए पर्याप्त पैसा कमाया। कुछ वर्षों के बाद उन्होंने दवा की दुकान खरीदी और अगले कुछ वर्षों तक एक सफल व्यवसाय चलाया।

जब संयुक्त राज्य अमेरिका ने द्वितीय विश्व युद्ध में प्रवेश किया तो वह सेना में भर्ती हो गए और उन्हें 88वीं इन्फैंट्री डिवीजन की चिकित्सा इकाई में फार्मासिस्ट के रूप में काम करने के लिए रख लिया गया। उस समय उन्होंने धर्म में अपनी रुचि को नवीनीकृत किया और विभिन्न धार्मिक मान्यताओं के बारे में विस्तार से पढ़ना शुरू किया। सेना से छुट्टी के बाद उन्होंने फार्मेसी में अपने कैरियर में वापस नहीं आने का फैसला किया। उन्होंने बड़े पैमाने पर यात्रा की, संयुक्त राज्य अमेरिका और विदेशों दोनों में कई विश्वविद्यालयों में पाठ्यक्रम का अध्ययन किया।

अपने अध्ययन के दौरान जोसेफ विभिन्न एशियाई धर्मों से बहुत प्रभावित हुए और उन्हें गहराई से उनके बारे में जानने के लिए वह भारत

गए। उन्होंने अपने आरंभ के समय से सभी प्रमुख धर्मों का अध्ययन किया। उन्होंने प्राचीन काल से वर्तमान तक के महान दार्शनिकों का अध्ययन किया।

यद्यपि उन्होंने कुछ सबसे बुद्धिमान और दूरदर्शी प्रोफेसरों के साथ अध्ययन किया, लेकिन जोसेफ को सबसे अधिक प्रभावित करने वाले व्यक्ति थे डॉ. थॉमस ट्रोवर्ड, जो एक न्यायाधीश होने के साथ-साथ एक दार्शनिक, डॉक्टर और प्रोफेसर भी थे। जज ट्रोवर्ड जोसेफ के गुरु बने। उनसे उन्होंने न केवल दर्शनशास्त्र, धर्मशास्त्र और कानून सीखा, बल्कि रहस्यवाद और विशेष रूप से मेसोनिक सिद्धांत से भी परिचित कराया। वह इस व्यवस्था के एक सक्रिय सदस्य बन गए और कुछ वर्षों में स्कॉटलैंड के अनुष्ठान में मेसोनिक रैंक में 32वीं डिग्री तक पहुंच गए।

संयुक्त राज्य अमेरिका लौटने पर जोसेफ ने पादरी बनने और अपने व्यापक ज्ञान को जनता तक पहुंचाने का फैसला किया। ईसाई धर्म की अवधारणा पारंपरिक नहीं थी और वास्तव में अधिकांश ईसाई संप्रदायों के प्रतिकूल लॉस एंजिल्स में अपने चर्च की स्थापना की। उन्होंने बहुत से लोगों को आकर्षित किया, लेकिन उनके चर्च में कई पुरुषों और महिलाओं को आकर्षित करने के लिए इतने सारे मंत्रियों के 'पाप और निंदा' उपदेश के बजाय आशावाद और आशा के अपने संदेश के लिए लंबे समय तक नहीं लिया।

डॉ. जोसेफ मर्फी 'न्यू थॉट' आंदोलन के प्रस्तावक थे। यह आंदोलन 19वीं और 20वीं शताब्दी के अंत में कई दार्शनिकों और गहरे विचारकों द्वारा विकसित किया गया था, जिन्होंने इस घटना का अध्ययन किया और जीवन को देखने के एक नए तरीके का प्रचार किया, लिखा और अभ्यास किया। जिस तरह से हम सोचते हैं और जीने के लिए एक आध्यात्मिक और व्यावहारिक दृष्टिकोण के संयोजन से उन्होंने उस प्राप्ति के रहस्य को उजागर किया, जो हम वास्तव में चाहते हैं।

'न्यू थॉट' आंदोलन के समर्थकों ने ऐसे जीवन का प्रचार किया, जो नए तरीकों और अधिक परिपूर्ण परिणामों को सामने लाता है और

हमारे पास इसे अपने जीवन को समृद्ध बनाने के लिए उपयोग करने की शक्ति है। हम इन सभी चीजों को केवल उसी तरह कर सकते हैं, जैसा कि हमने कानून को पाया है और कानून की समझ का काम किया है, जो ईश्वर को अतीत में पहेलियों में लिखा हुआ लगता था।

बेशक, डॉ. मर्फी इस सकारात्मक संदेश का प्रचार करने वाले एकमात्र पादरी नहीं थे। कई चर्च, जिनके पादरी और मंडली 'न्यू थॉट' आंदोलन से प्रभावित थे, द्वितीय विश्वयुद्ध के बाद के दशकों में स्थापित और विकसित हुए थे। चर्च ऑफ रिलिजियस साइंस, यूनिटी चर्च और इसी तरह के पूजा-स्थल इसी तरह के दर्शन का प्रचार करते हैं। डॉ. मर्फी ने अपने संगठन का नाम द चर्च ऑफ डिवाइन साइंस रखा। वह अक्सर मंच साझा करते थे, अपने समान विचारधारा वाले सहयोगियों के साथ संयुक्त कार्यक्रम आयोजित करता था और अन्य पुरुषों और महिलाओं को अपने मंडली में शामिल होने के लिए प्रशिक्षित करते थे।

कुछ वर्षों के बाद अन्य चर्चों ने उनके साथ मिलकर दिव्य विज्ञान के महासंघ नामक एक संगठन को विकसित किया, जो सभी दिव्य विज्ञान चर्च के लिए एक छतरी का काम करता है। दिव्य विज्ञान चर्च के नेताओं में से प्रत्येक शिक्षा को आगे बढ़ाता है और डॉ. मर्फी ने सेंट लुइस में नए दिव्य विज्ञान विद्यालय को बनाने में समर्थन करने वाले नेताओं में से एक थे, उनका काम नए पादरी को प्रशिक्षित करना और पादरी और मंडली दोनों को शैक्षिक शिक्षा प्रदान करना था।

दिव्य विज्ञान पादरियों को वार्षिक बैठक में भाग लेना आवश्यक था और डॉ. मर्फी एक विशेष वक्ता थे। उन्होंने प्रतिभागियों को खासकर अवचेतन मन के महत्त्व के बारे में अध्ययन करने और सीखने के लिए प्रोत्साहित किया।

अगले कुछ वर्षों में मर्फी का स्थानीय चर्च ऑफ डिवाइन साइंस इतना बड़ा हो गया कि उनकी इमारत छोटी पड़ने लगी। उन्होंने द विल्शेयर एबेल थिएटर, एक पुराना मूवी थियेटर किराए पर लिया। उनकी सेवाओं में इतनी अच्छी तरह से भाग लिया गया था कि उनका

कार्यक्रम हमेशा उपस्थित रहने की इच्छा को पूरा नहीं कर सका। डॉ. मर्फी और उनके कर्मचारियों द्वारा संचालित कक्षाओं ने उनकी रविवार की सेवाओं को पूरक बनाया, जिसमें 1,300 से 1,500 लोग शामिल थे। ये सेमिनार और व्याख्यान के पूरक थे, जो अधिकांश दिन और शाम को आयोजित किए जाते थे। चर्च सन् 1976 तक लॉस एंजिल्स में विल्शेयर एबेल थिएटर में रहा, बाद में यह एक सेवानिवृत्ति समुदाय के पास, लगुना हिल्स, कैलिफोर्निया में एक नए स्थान पर चला गया।

उन लोगों की विशाल संख्या तक पहुंचने के लिए, जो उनका संदेश सुनना चाहते थे, डॉ मर्फी ने एक साप्ताहिक रेडियो टॉक शो बनाया, जो अंततः एक लाख से अधिक श्रोताओं तक पहुंचा।

उनके कई अनुयायी केवल सारांश से अधिक चाहते थे और उन्होंने सुझाव दिया कि वे अपने व्याख्यान और रेडियो कार्यक्रमों को टेप करें।

वह ऐसा करने के लिए पहले अनिच्छुक थे, लेकिन बाद में प्रयोग करने के लिए सहमत हुए। उनके रेडियो कार्यक्रम काफी बड़े 78rpm डिस्क पर रिकॉर्ड किए गए थे, जो उस समय एक आम बात थी। इन डिस्क में से छह कैसेट बनाए जाते थे और उन्हें विल्शेयर एबेल थिएटर की लॉबी में सूचना टेबल पर रख दिया जाता था और चूंकि वे जल्दी बिक जाते थे तो इससे एक नया उद्यम शुरू हुआ। बाइबल के ग्रंथों की व्याख्या करने और अपने श्रोताओं के लिए ध्यान और प्रार्थना प्रदान करने वाले उनके व्याख्यान के उनके टेप न केवल उनके चर्च में, बल्कि अन्य चर्चों, किताबों की दुकानों और डाक के माध्यम से बेचे जाने लगे थे।

जैसे-जैसे चर्च बढ़ता गया, डॉ मर्फी ने कई कार्यक्रमों में अपनी सहायता के लिए पेशेवर और प्रशासनिक कर्मियों का एक स्टाफ जोड़ा और वह अपनी पहली पुस्तक पर शोध और तैयारी कर रहे थे। अनके कर्मचारियों की सबसे प्रभावी सदस्यों में से एक उनकी प्रशासनिक सचिव डॉ. जीन राइट थीं। धीरे-धीरे यह कामकाजी संबंध एक रोमांस में विकसित हुआ और दोनों ने विवाह कर लिया—इस प्रकार एक आजीवन साझेदारी अस्तित्व में आई जिसने उनके दोनों जीवन को समृद्ध किया।

इस समय (1950 के दशक में) आध्यात्मिक रूप से प्रेरित सामग्री के बहुत कम प्रमुख प्रकाशक थे। मर्फी ने लॉस एंजिल्स क्षेत्र में कुछ छोटे प्रकाशकों को जोड़ा और उनके साथ छोटी पुस्तकों की एक श्रृंखला का निर्माण किया (अक्सर 30 से 50 पृष्ठ पैंफ्लेट के रूप में छपे थे), जो कि ज्यादातर चर्चों में 1.50 डॉलर से 3.00 डॉलर तक प्रति पुस्तक के रूप में बेचे गए थे। जब इन पुस्तकों की मांग उस बिंदु तक बढ़ गई, जहां उन्हें दूसरे और तीसरे प्रिंट की आवश्यकता थी तो प्रमुख प्रकाशकों ने स्वीकार किया कि ऐसी पुस्तकों के लिए एक बड़ा बाजार है और फिर उन्होंने उन्हें अपने कैटलॉग में जोड़ लिया।

डॉ. मर्फी लॉस एंजिल्स क्षेत्र के बाहर अपनी पुस्तकों, टेपों और रेडियो प्रसारणों के कारण प्रसिद्ध हो गए और उन्हें पूरे देश में व्याख्यान के लिए आमंत्रित किया जाने लगा। उन्होंने अपने व्याख्यान को धार्मिक मामलों तक ही सीमित नहीं किया, बल्कि जीवन के ऐतिहासिक मूल्यों, पूर्ण जीवन जीने की कला और दोनों पश्चिमी और प्राच्य संस्कृतियों के महान दार्शनिकों की शिक्षाओं पर बात की।

डॉ. मर्फी ने कभी भी गाड़ी चलाना नहीं सीखा था, उन्हें अपने व्यस्त कार्यक्रम में विभिन्न स्थानों पर लाने और ले जाने के लिए किसी को गाड़ी देने की व्यवस्था करनी पड़ी। जीन ने इस जिम्मेदारी को बखूबी संभाला। जीन ने उनकी प्रशासनिक सचिव के रूप में और बाद में उनकी पत्नी के रूप में उनके कार्य की योजना बनाने, ट्रेनों या उड़ानों, हवाई अड्डे के पिकअप, होटल के आवास और यात्राओं के अन्य सभी विवरणों की व्यवस्था बखूबी की।

मर्फी ने दुनिया भर के कई देशों की यात्रा की। उनकी पसंदीदा कामकाजी छुट्टियों में से एक क्रूज जहाजों पर सेमिनार आयोजित करना था। ये यात्राएं एक हफ्ते या उससे अधिक समय के लिए होती थीं और ये दुनिया भर के कई देशों में की जाती थीं।

डॉ. मर्फी की सबसे अधिक पुरस्कृत गतिविधियों में से कई जेलों में कैदियों से बात करना था। कई पूर्व-दोषियों ने उन्हें वर्षों बाद लिखा, यह बताते हुए कि कैसे उनके शब्दों ने वास्तव में उनके जीवन को

बदल दिया और उन्हें आध्यात्मिक और सार्थक जीवन जीने के लिए प्रेरित किया।

उन्होंने संयुक्त राज्य अमेरिका और यूरोप और एशिया के कई देशों का दौरा किया। अपने व्याख्यानों में उन्होंने अवचेतन मन की शक्ति को समझने के महत्व पर जोर दिया और उनके जीवन सिद्धांतों का आधार एक ईश्वर–'मैं हूं' था।

डॉ. मर्फी की पैंफ्लेट के आकार की किताबें इतनी लोकप्रिय थीं कि उन्होंने उन्हें अधिक विस्तृत और लंबे कार्यों के लिए विस्तारित करना शुरू कर दिया। उनकी पत्नी ने हमें उनके लेखन के तरीके के बारे में कुछ जानकारी दी। उन्होंने बताया कि उन्होंने एक टैबलेट पर अपनी पांडुलिपियां लिखीं और अपनी पेंसिल या कलम को इतनी मेहनत से चलाया कि आप अगले पृष्ठ पर छाप द्वारा पृष्ठ पढ़ सकते थे। लिखते समय वह एक मदहोशी में रहते थे। उनकी लेखन शैली उनके कार्यालय में बिना किसी गड़बड़ी के चार से छह घंटे तक बने रहने की थी, जब तक कि वे रुक नहीं जाते थे और कहते कि यह दिन के लिए पर्याप्त था। हर दिन एक जैसा था। अगली सुबह तक वह फिर से कार्यालय में आकर फिर वही से लिखना शुरू करते थे, उस समय वह कोई भोजन या पेय नहीं लेते थे, वह सिर्फ अपने विचारों और पुस्तकों की विशाल लाइब्रेरी के साथ अकेले थे, जिसे उसने समय-समय पर संदर्भित किया। उनकी पत्नी ने उन्हें आगंतुकों और फोन से बचाया और चर्च व्यवसाय और अन्य गतिविधियों का ध्यान रखना शुरू कर दिया।

डॉ. मर्फी हमेशा मुद्दों पर चर्चा करने और उन बिंदुओं को विस्तृत करने के लिए एक सरल तरीके की तलाश में थे, जो विस्तार से बताएंगे कि यह व्यक्ति को कैसे प्रभावित करता है। उन्होंने अपने कुछ व्याख्यान कैसेट, रिकॉर्ड या सीडी पर प्रस्तुत करने के लिए चुने, क्योंकि तकनीकें विकसित हुई और नए तरीकों ने ऑडियो क्षेत्र में प्रवेश किया।

सीडी और कैसेट के उनके संपूर्ण कार्य ऐसे उपकरण हैं, जिनका उपयोग अधिकांश समस्याओं के लिए किया जा सकता है, जिनका व्यक्ति जीवन में सामना करते हैं और लक्ष्यों को पूरा करने के लिए

इनका समय-समय पर परीक्षण किया गया है। उनका मूल विषय है कि समस्याओं का समाधान स्वयं के अंदर निहित है। बाहरी तत्त्व किसी की सोच को नहीं बदल सकते यानी आपका दिमाग आपका अपना है। एक बेहतर जीवन जीने के लिए मन उन परिस्थितियों से बाहर नहीं है, जिन्हें आपको बदलना होगा। आप अपना भाग्य खुद बनाते हैं। परिवर्तन की शक्ति आपके मन में है और अपने अवचेतन मन की शक्ति का उपयोग करके आप उन बदलावों को बेहतर बना सकते हैं।

डॉ. मर्फी ने 30 से अधिक पुस्तकें लिखीं। उनका सबसे प्रसिद्ध काम, *द पॉवर ऑफ योर सबकॉन्शियस माइंड* था, जो पहली बार सन् 1963 में प्रकाशित हुआ, यह पुस्तक तत्काल एक बेस्टसेलर बन गई थी। इसे अब तक के सर्वश्रेष्ठ स्व-सहायता गाइड के रूप में प्रशंसित किया गया था। इसकी लाखों प्रतियां बिक चुकी हैं और अभी भी दुनिया भर में बेची जा रही हैं।

उनकी कुछ अन्य बेस्टसेलिंग किताबें *टेलीसाइकिक्य—द मैजिक पावर ऑफ परफेक्ट लिविंग, दि अमेजिंग लॉज ऑफ कॉस्मिक माइंड, सीक्रेट ऑफ दि आई चिंग, द मिरेकल ऑफ माइंड डायनामिक्स, योर इनफिनिट पावर टू बी रिच, और द कॉशन पावर विद यू थीं।*

दिसंबर, 1981 में डॉ. मर्फी की मृत्यु हो गई और उनकी पत्नी डॉ. जीन मर्फी ने उनकी मृत्यु के बाद उनका काम जारी रखा। सन् 1986 में अपने दिवंगत पति के हवाले से एक व्याख्यान में उन्होंने उनके विचारों को दोहराते हुए कहा—

मैं पुरुषों और महिलाओं को उनकी ईश्वरीय उत्पत्ति और भीतर मौजूद शक्तियों को सिखाना चाहता हूं। मैं बताना चाहता हूं कि यह शक्ति उनके साथ है और वे अपने स्वयं के उद्धारकर्ता हैं और अपने स्वयं के उद्धार को प्राप्त करने में सक्षम हैं। यह संदेश है बाइबल और हमारी उलझन के 9/10 हिस्से आज की गलत, शाब्दिक व्याख्या के कारण हैं, जो इसमें प्रस्तुत सत्य जीवन-परिवर्तन करता है।

मैं अधिकाधिक लोगों तक पहुंचना चाहता हूं, सड़क पर चल रहे पुरुष और काम कर रही महिला, जो प्रतिभा और क्षमताओं के दमन के साथ है। मैं चेतना के हर स्तर पर दूसरों की मदद करना चाहता हूं।

उन्होंने अपने पति के बारे में कहा—"वह एक व्यावहारिक रहस्यवादी था, जिसके पास एक विद्वान् की बुद्धि, एक सफल कार्यकारी का दिमाग, कवि का दिल था।" उनका संदेश था—"आप राजा हैं, आप ईश्वर के साथ अपनी दुनिया के शासक हैं।"